낯선 죽음

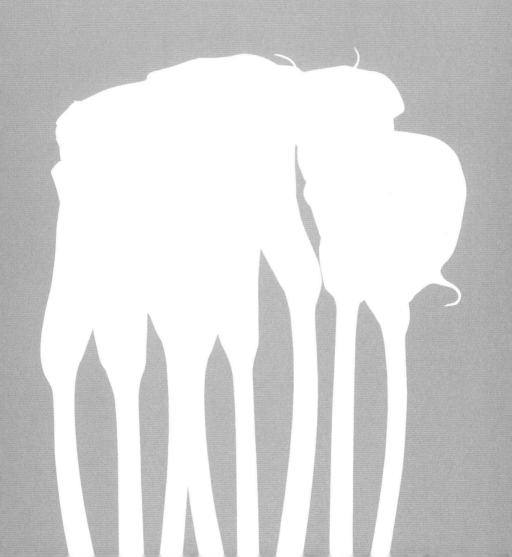

Über das Sterben
Copyright © Verlag C. H. Beck oHG, München 2013
Korean Translation copyright © 2019 by Dabom Publishing Co.
Arranged through Icarias Agency, Seoul.

이 책의 한국어판 저작권은 Icarias Agency를 통해 Verlag C. H. Beck와 독점 계약한 도서출판 다봄에 있습니다.
저작권법에 의하여 한국 내에서 보호를 받는 저작물이므로 무단 전재와 복제를 금합니다.

낯선 죽음

우리는 죽음에 대해 무엇을 알고 있는가?
죽음과 죽어감에 대한 현실적 조언

인 쇄 일   2019년 12월 17일
발 행 일   2019년 12월 23일

지 은 이   지안 도메니코 보라시오
옮 긴 이   박종대

펴 낸 이   김명희
책임편집   김수영 | 본문 디자인   김명희

펴 낸 곳   다봄
등   록   2011년 1월 15일 제395-2011-000104호
주   소   경기도 고양시 덕양구 고양대로 1384번길 35
전   화   070-4117-0120
팩   스   0303-0948-0120
전자우편   dabombook@hanmail.net

ISBN 979-11-85018-69-0 03300

이 도서의 국립중앙도서관 출판예정도서목록(CIP)은 서지정보유통지원시스템 홈페이지(http://seoji.nl.go.kr)와 국가
자료종합목록 구축시스템(http://kolis-net.nl.go.kr)에서 이용하실 수 있습니다. (CIP제어번호 : CIP2019042143)

※ 책값은 뒤표지에 표시되어 있습니다.
※ 파본이나 잘못된 책은 구입하신 곳에서 바꿔드립니다.

낯선 죽음

우리는 죽음에 대해 무엇을 알고 있는가?
죽음과 죽어감에 대한 현실적 조언

지안 도메니코 보라시오 지음 / 박종대 옮김

Über das Sterben

다봄.

들어가는 글

*
*
*

이 책을 쓰게 된 동기부터 말해보자. 우선 죽어감에 대한 내 강연을 들은 청중들은 강연 뒤 번번이 찾아와 물었다. 방금 자신들이 들은 내용이 퍽 도움이 되었는데 이것을 책으로 써서 두고두고 보게 해줄 수 없겠느냐는 것이다. 심지어 가족이나 친구의 죽음을 이미 겪은 적이 있는 몇 분은 나중에 이런 지식을 좀 더 일찍 알고 준비했더라면 하는 후회가 생기지 않았으면 좋겠다는 바람도 피력했다.

이 책을 쓰게 된 또 다른 계기는 죽음과 관련한 반복된 관찰이다. 많은 사람이, 그중에는 교육 수준이 높고 굉장히 똑똑하다는 사람들조차, 아니 바로 그런 사람들이 더더욱 죽음에 직면해서는 놀랄 정도로 비이성적으로 행동한다. 그건 실제로 죽어가는 사람과 그 가족도 마찬가지인데, 그런 사람들은 사실 어느 정도 이해가 되는 면이 있다. 하지만 의사처럼 전문직에 종사하는 사람들이 그런 태도를 보이는 것은 좀 낯설다. 이 책의 많은 사례들이 그런 측면을 분명히 보여준다. 그렇다면 그런 비이성적인 태도의 원인은 무엇일까? 대답은 거의 한결같다.

바로 두려움이다.

'두려움'은 임종에 관한 온갖 열띤 논쟁에서 무언의 화두다. 이것은 환자와 의사가 생명을 위협하는 질병을 두고 나누는 대화 중에 은밀하게 작용하기도 하고, 어떤 때는 고의로 무시되기도 한다. 두려움은 죽음에 관한 소통의 가장 큰 장애물로서, 임종과 관련해 개선해야 할 의료진의 태도와 함께 잘못된 결정과 고통스러운 죽음의 주원인이다.

이 주제와 관련해서 수많은 책이 시중에 나와 있음에도 우리 사회에는 여전히 죽음을 금기시하는 문화가 존재한다. 여기엔 죽음으로 인해 자신이 이 세상에서 완전히 사라지는 것에 대한 근본적인 공포가 깔려 있다. 게다가 많은 사람들이 예상하듯이 고통스럽게 죽어가는 것에 대한 구체적인 공포가 추가된다. 또 스스로 개입할 가능성이 전혀 없는 상태에서 불필요하게 고통스러운 임종 과정만 연장하는 의료 조치에 자신을 오롯이 내맡길 수밖에 없는 공포도 더해진다.

이 책의 주목표는 인간을 죽어가는 공포, 특히 고통스럽게 죽어가는 것에 대한 공포에서 어느 정도 벗어나게 하는 것이다. 고통과 통제 상실에 따른 매우 구체적인 두려움은 역설적이게도 일종의 자기실현적인 예언 형태로 자신의 행위에 대한 통제권을 실제로 공포에 넘겨주는 상황으로까지 이어진다. 공포는 감각적 지각을 왜곡하고, 실질적 정보를 회피하며, 대화를 방해하기 때문이다. 역으로 말하자면 바로 이 세 가지 전제가 임종을 현명하게 준비하는 핵심이다. 임종 단계에서 우리를 보살피는 사람들은 이렇게 가르친다. 죽어가는 것에 대한 준비가 살아가는 것에 대한 최선의 준비라는 사실을.

2011년 8월, 뮌헨 / 로잔
지안 도메니코 보라시오

10쇄 서문

*
*
*

　이 작은 책이 1년도 지나지 않아 10쇄를 찍게 되리라고는 아무도 예상하지 못했다. 이는 우리 사회가 죽어가는 것에 대한 정보에 얼마나 목말라하고, '임종'을 회피하지 않고 준비하고자 하는 욕구로 얼마나 충만해 있는지를 보여주는 반증이기도 하다. 독자들이 내게 보내준 무수한 편지들, 그중에는 고령층, 중병을 앓는 이들, 환자를 돌보는 가족들, 그리고 건강과 관련한 직업에 종사하는 사람들이 많았는데, 나는 이들의 편지에 고무되어 10쇄에서는 좀 더 현실에 맞게 책을 다듬어야겠다고 마음먹었다.

　나의 가장 큰 소망은 변하지 않았다. 이 책이 우리나라에서 여전히 매우 높은, 죽어가는 것에 대한 공포 지수를 조금이라도 줄이고, 임종에 관한 대화를 누구나 쉽게 꺼낼 수 있도록 하는 것이다. 독자와 환자, 동료, 친구, 특히 아주 다양한 방식으로 날마다 내게 힘을 실어준 가족에게 감사를 전한다. 그에 힘입어 나는 임종과 관련된 의료 체계는 물론이고 그것을 넘어 전반적인 의료 시스템까지 근본적으로 개선할 수

8

있으리라는 희망을 품었고, 그 과정에서 내 작업이 미미하나마 기여하기를 기대한다.

2012년 10월, 뮌헨 / 로잔
지안 도메니코 보라시오

내가 죽는 건 두렵지 않습니다.
내 곁에 있는 사람들이 죽는 게 두려울 뿐입니다.
그들이 이 세상에 없으면 어떻게 살아가야 할까요?
나는 죽음을 따라 홀로 안갯속을 헤맵니다.

내가 어둠 속을 떠돌게 내버려두세요.
걷는 것은 머물러 있는 것만큼 아프지 않습니다.
똑같은 일을 겪은 그 사람은 아마 그걸 알 겁니다.
그것을 견뎌냈던 이들이여, 나를 용서하소서!
기억하라, 내가 죽는 것은 나 하나 죽는 것뿐이지만
우리는 타인의 죽음과 함께 살아가나니.

— 마샤 칼레코 (유대계 독일 시인, 1907~1975)

일러두기

* 이 책에서 사용한 '완화 의료', '완화 치료', '완화 케어', '완화 의학'이라는 용어는 독일어 원문에 따른 것이나, 우리나라에서는 1998년 한국호스피스-완화의료학회가 창립되면서 '완화 의료'로 통일해서 사용하기로 했다. '완화 의료'는 의사, 간호사, 사회복지사, 성직자 같은 다양한 직종의 팀워크를 전제로 하지만, '완화 치료'나 '완화 의학'이라고 하면 의사 중심의 기술적·학제적 접근이 주를 이루는 기존 의료 행위처럼 인식될 우려가 있기 때문이다. 사용된 용어는 다르더라도 결국 의미하는 바는 같다.

* 이 책에서 '가정의'로 번역한 의사는 동네에 거주하면서 일가족의 건강을 총체적으로 책임지고, 필요하면 방문 의료도 펼치는 1차 의료 기관에 해당한다. 주로 내과나 가정의학과를 전공한 의사들이 맡는다. 우리나라에는 이런 제도가 정착되지 않아 '가정의'가 가정의학과를 전공한 전문의로 오인될 여지가 있지만, 영어의 'family doctor' 즉 가족 주치의를 가리킨다는 점을 염두에 두었으면 한다.

* 인명, 지명 등 외국어 표기는 국립국어원의 외래어 지침을 따랐다.
* 책 제목 및 신문명과 잡지명은《 》, 논문명은〈 〉로 표기했다.
* 후주로 표기한 것은 저자 주, 각주는 모두 옮긴이의 주다.

1

우리는 죽음에 대해 무엇을 아는가?

죽음은 출생 순간부터 우리와 동행하는 것이 아니라
심지어 그 이전부터 이미 동행하고 있는 것이다.
죽음은 우리가 삶의 능력을 갖춘 유기체로
세상에 태어나기 위한 필수 불가결한 전제 조건이다.

출생을 제외하면 죽음만큼 모든 사람이 필연적으로 경험하는 의학적 사건이 없다는 사실은 퍽 놀랄 일이다. 그럼에도 이 분야에 대한 연구는 부진하기 짝이 없다. 반면에 태어나는 것과 관련해서는 우리는 무척 많은 것을 안다. 수많은 출판물과 교과서들은 인간의 출생 이전뿐 아니라 출산 과정에 대해서도 폭넓고 상세한 지식을 담고 있다. 발생학 분야에서는 난세포의 수정부터 살아갈 능력을 갖춘 태아의 발달에 이르기까지 아주 세세하게 연구가 진행되었다. 심지어 부분적으로는 어떤 유전자 조각이 어떤 태아 단계를 언제 어떻게 조종하는지도 밝혀냈다. 하지만 죽음에 대해 우리는 무엇을 아는가? 죽음과 관련된 대부분의 문제는 여전히 미해결 상태로 남아 있다. 가장 중요한 다음 문제를 필두로 말이다.

우리는 왜 죽는가?

너무나 당연해 보이는 이 질문을 왜 던지느냐고 생각할 수도 있지만, 사실 이것은 그렇게 진부한 문제가 아니다. 과학자들은 하등동물, 예를 들어 특정 바닷말의 생물학적 수명을 유전자 조작을 통해 거의 무한대로 연장하는 데 성공했다. 이는 '텔로미어Telomere'라는 특수한 염색체 말단 부분이 모든 유기체를 이루는 개별 세포의 기대 수명을 결정한다는 사실이 밝혀지면서 가능했다. 진화 연구자들[1]은 수명이 유한한 것에 대한 생물학적 의미를 유전 물질 전달의 최적화에서 찾는다. '이기적 유전자 가설'에 따르면 모든 생물은 자신의 유전자를 최대한 많이 전달하는 것, 그러니까 자신의 유전 물질을 최대한 많이 퍼뜨려 서로 섞이는 것을 목표로 삼는 생물학적 기계이다. 이 가설을 좀 더 쫓아가보면 모든 생물의 진화론적-생물학적 기능은 되도록 많은 후손을 낳고 생식 능력이 없어질 때까지 살아남은 뒤에는 고갈된다. 그 이후부터 이들은 후손들의 눈에 유전자 전달이라는 이점을 상실한 채 기껏해야 식량의 경쟁자로밖에 비치지 않고, 그로써 종족의 이익을 위해 자신의 생존을 최대한 빨리 끝내야 한다.

그런데 인간은 번식 행동과 사회적 행동에서 더 이상 그런 진화 법칙에 따라 움직이지 않는다는 것이 명백해졌다. 하지만 최근에 사회적 의료 비용을 줄이기 위한 '사회계약적인 조기 사망'의 요구처럼 죽음의 문제에 대한 몇몇 논쟁은 진화론과 보조를 같이하는 듯하다. 물론 진화 과정에서 충분히 입증된 강자의 법칙에 따라 자원 분배가 움직이는 요즘의 세계에서는 그 위험성도 충분해 보인다.

다행인 것은 인류가 문화적 발전 과정에서 삶과 죽음에 관해 진화 생물학이나 경제학과는 다른 문화적·도덕적·종교적 해석을 발전시켜 왔다는 것이다. 이 부분에 대한 상세한 설명은 이 책의 범위를 넘는 것이기에 여기서는 일부만 다음 장들에서 언급하겠다.

프로그램화된 세포 죽음

생리학 교재에서 '죽음' 항목을 찾아보면 주로 개별 세포와 조직, 혹은 기껏해야 기관의 죽음에 관한 이야기만 나온다. 그중에서도 세포 죽음에 관한 연구는 이미 활발하게 이루어졌다. 세포 죽음은 태아 발달 과정부터 중심적인 역할을 차지하기 때문이다. 태아 발달에서는 이른바 '프로그램화된 세포 죽음Apoptosis'이 진행된다. 설명하면 이렇다. 새로운 세포들은 성장과 기관의 세분화 과정에서 과잉 생성되는데, 그러다 보니 각 조직으로 성장할 한정된 수를 두고 경쟁을 벌인다. 이 과정에서 성장의 기회를 부여받지 못한 세포들은 죽는다. 하지만 단순히 죽는 것이 아니라, 자살 유전자가 활성화하면서 전체의 안녕을 위해 스스로를 죽이는 능동적 자살 행위가 일어난다. 그것도 전체 유기체에 가장 피해를 주지 않는 방식으로 말이다. 다시 말해 잠재적으로 해가 될 수 있는 세포 내용물의 방출을 막고 세포 찌꺼기를 특별한 면역세포로 청소하는 일(우리 몸의 쓰레기 배출에 해당한다)을 쉽게 하기 위해 세포가 안에서 붕괴하는 일종의 자폭 방식이다. 고도로 복잡한 태아의 발달 과정이 대체로 만족스럽게 진행되는 것도 바로 이 과정 덕분이다. 그 때문에 아이들은 세상에 태어날 때 대개 사지와 기관, 신경세포수에서 미리 예정된 개수를 갖고 태어난다. 작은 기적이라 할 만한 일이다.

이러한 인식을 통해 "우리 삶의 중심에는 늘 죽음이 동행한다"는 오래된 금언이 뜻밖의 의미를 얻는다. 죽음은 출생 순간부터 우리와 동행하는 것이 아니라 심지어 그 이전부터 이미 동행하고 있는 것이다. 죽음은 우리가 삶의 능력을 갖춘 유기체로 세상에 태어나기 위한 필수 불가결한 전제 조건이다. 유기체의 생리학적인 측면, 특히 면역체계의 측면에서 보더라도 세포 죽음은 우리의 삶에서 중요한 역할을 한다. 예를 들어 T-림프구 같은 특정 백혈구는 바이러스에 감염되거나 암을 일으킬 수 있는 악성 변종 세포를 인식하면 자신의 세포 자살 프로그램을 가동해 제거하는 임무를 맡는다. 마찬가지로 백혈구의 성숙 과정에서도 자기 조직에 저항하는 세포들은 프로그램화된 세포 죽음을 통해 제거된다. 이는 결코 하찮은 일이 아니다. 이 과정에서 무언가 일이 꼬이면 다발성 경화증이나 류머티즘성 관절염 같은 심각한 자가 면역성 질환이 생길 수 있기 때문이다.

기관 죽음

인간 생명에는 지장을 주지 않으면서 기관 일부나 심지어 기관 전체가 죽을 수 있다는 사실은 이미 잘 알려져 있다. 그 원인은 대개 뇌경색이나 심근경색처럼 혈액의 공급 부족이거나, 아니면 비장 파열처럼 외상이다. 그런데 비장은 비상시에 포기할 수 있지만, 심장과 뇌는 어떤 경우에도 포기할 수 없다. 따라서 이 두 기관의 경우엔 유기체 전체가 계속 생명을 유지하려면 부분 절개만 허용된다.

사지도 생명체 전체를 죽음으로 내몰지 않으면서 사멸할 수 있고, 절단을 통해 제거할 수 있다. 동물 중에는 파괴된 기관이나 심지어 사지 전체를 재생할 수 있는 종이 많다. 그런데 이러한 능력은 진화 과정에서 개별 기관들이 더욱 전문화하고 복잡해지면서 점점 제한되었다. 그럼에도 일례로 인간의 간은 여전히 높은 재생 능력을 갖추고 있다. 그건 피부도 마찬가지다. 게다가 최근의 소견에 따르면 심지어 뇌도 신경 줄기세포의 도움으로 손상 뒤 제한된 범위에서 스스로 재생할 수 있다. 따라서 죽음과 생명의 이러한 상호 작용은 수정 단계부터 무덤에 들어가기까지 늘 우리와 동행한다.

유기체의 죽음

다른 것과 비교했을 때 우리는 유기체 전체의 죽음에 대해서는 정말 아는 것이 별로 없다. 직접적인 사인이 '심정지'라고 적혀 있는 대부분의 사망 진단서가 하나의 증거다. 하지만 심정지, 그러니까 심장 기능과 혈액 순환의 정지는 대개 죽음의 원인이 아니라 가시적인 징표일 뿐이다. 그렇다면 유기체 전체의 죽음을 실제로 일으키는 것은 무엇이고, 그것은 정확히 언제 시작될까? 그에 대한 연구는 거의 없다. 하지만 그런 연구는 매우 도움이 될 것이다. 왜냐하면 의사들은 다음 사례가 보여주듯이 환자가 죽어가는 과정을 보면서 깜짝깜짝 놀랄 때가 많기 때문이다.

> 이름: 하인츠 F., 나이: 73세, 성별: 남, 병명: 폐암. 암세포가 이미 간과 뼈, 피부, 뇌에까지 전이된 상태였고, 신장은 더 이상 기능하지 않는 것이나 다름없었다. 복부와 폐는 물로 꽉 차 있었고, 혈액 수치는 의학 교과서에 적힌 생명 유지 상태와는 한참 동떨어져 있었다. 몸무게는 40킬로그램이었고, 인위적인 영양 공급으로도 개선이 불가능한 상태였다. 게다가 마지막에는 환자 본인이 인공 투석을 비롯해서 다른 모든 생명 연장 조치와 영양 공급까지 거부했다. 환자가 간절히 바라는 건 죽음뿐이었다. 모르핀으로 호흡 곤란 상태가 성공적으로 진정된 뒤에도 그 마음은 한결같았다.

하지만 그의 소망은 이루어지지 않았다. 그는 매일 반복해서 자신이 언제 죽느냐고 의사에게 물었다. 죽음을 적극적으로 도와달라고 청하지는 않았으나, 살아 있는 것 자체가 너무나 고통스러운 건 분명했다. 그는 이미 가족과 마지막 작별 인사를 나눈 상태였고, 살아서 아직 처리하지 못한 일은 남아 있지 않은 듯했다. 하지만 그 상태로 2주가 더 지나서야 그는 그렇게 바라던 죽음을 맞을 수 있었다. 아무리 경험이 많은 의사가 보더라도 생리학적인 측면에서는 이미 생존의 한계를 한참 넘은 시간이었다.

이름: 마틸데 W., 나이: 85세, 성별: 여, 병명: 유방암. 뼈에 전이가 이루어진 상태였고, 통증을 완화할 좀 더 강도 높은 조치가 필요했다. 환자는 완화 병동으로 보내졌다. 통증이 개선되면 퇴원 뒤 본인 집에서 지금보다 좀 더 나은 삶의 질을 누리며 몇 달 더 살 수 있으리라는 것이 통상적인 예측이었다. 그런데 완화 병동에 입원한 지 사흘째 되는 날 저녁이었다. 통증은 한결 좋아진 상태였다. 환자가 야간 간호사에게 말했다. "나는 오늘 밤에 죽을 거야." 간호사는 깜짝 놀랐다. 환자가 곧 죽을 거라는 신호는 어디에도 나타나지 않았기 때문이다. 게다가 이미 주말에 퇴원 계획까지 잡혀 있었다. 간호사는 환자를 진정시키려고 애썼다. 하지만 환자는 진정하기는커녕 태연하게 자기 의견을 고수했다. 그리고 실제로 새벽 4시에 잠을 자면서 숨을 거두었다.

의학적 소견에 따르면 기술적 수치의 기준에서 신체의 생명 유지에 필수적인 여러 신체 기능이 뚜렷이 고장 난 것으로 판명되어 이미 오래전에 죽었어야 하는데도 한참을 더 사는 환자들의 사례를 모르는 의사는 거의 없다. 반면에 고령이거나 중병을 앓고 있기는 하지만 의사나 간호사의 의견에 따르면 아직 죽어가는 과정에 있지 않는데도 '예기치 않게' 사망하는 경우도 꽤 있다. 부검에서조차 납득할 만한 사망 원인이 발견되지 않으면서 말이다. 이런 일들을 어떻게 설명해야 할까?

우리가 확실하게 아는 것은 이렇다. 인간은 '느닷없이' 죽는 게 아니라 개별 기관들의 기능이 각각 다른 시점에 상이한 속도로 저하되면서 나중에 완전히 정지한다는 것이다. 임종 국면에서는 대개 '순환 집중' 현상이 관찰된다. 즉, 장기와 뇌에 집중적으로 혈액을 공급하기 위해 심장에서 멀리 떨어진 신체 부위에는 혈액 공급이 덜 되는 것이다. 그러면 혈압이 떨어지고 신장 기능까지 급격히 나빠진다. 죽음이란 원래 뇌에 당과 산소를 공급하는 것이 주 임무인, 삶에 중요한 신체 기관들의 조화로운 활동이 붕괴되는 것을 의미한다. 이러한 붕괴의 외적 표현이 심장과 호흡 활동의 중지다.

원칙적으로 죽음을 부르는 것은 생명 유지에 중요한 기관들의 기능 상실이다. 이런 기관에 속하는 것이 심장, 폐, 간, 신장, 뇌이다. 죽음으로 이어지는 모든 과정은 이 기관들 중 하나나 몇 개가 직접적 또는 간접적으로 손상됨으로써 진행된다. 따라서 우리는 생리학적인 주요 사망 유형을 다섯 가지로 구분한다. 심장 순환 죽음, 폐 죽음, 간 죽음, 신장 죽음, 뇌 죽음이 그것이다.

심장 순환 죽음: 사람들에게 어떻게 죽고 싶으냐고 물으면 대부분 이렇게 답한다. 빨리, 그리고 고통 없이. 그중에서도 심장 정지를 통한 '갑작스런 죽음'을 가장 선호한다. 그런 식으로 죽는 것에도 여러 단점이 있지만, 그런 점을 제쳐놓으면 그것은 '돌연사'라는 항목으로 묶을 수 있는 심장 순환 죽음의 극히 일부에 불과하다. 심장 순환 중단으로 인한 대부분의 임종 과정은 무엇보다 흡연과 당뇨병으로 촉진되는 만성 심부전에 그 원인이 있다.

이런 식으로 죽는 것에 우리는 안타까울 정도로 아는 것이 별로 없다. 하지만 최근의 연구 결과에 따르면 죽어가는 심장병 환자들의 증상이 많은 점에서 암 환자와 비슷하다는 사실이 밝혀졌다. 여기서 두드러지는 증상은 통증과 호흡 곤란, 그리고 심장 기능 약화로 인한 극심한 피로감이다. 환자들이 무척 힘들다고 토로하는 이 증상들은 완화 처치도 쉽지 않다.

폐 죽음: 여기서 뚜렷하게 나타나는 증상은 호흡 곤란이다. 이 증상의 범위를 결정하는 것은 폐 기능의 악화 속도다. 급성 호흡 곤란은 강도 높은 약 처방이 필수이고, 그와 동시에 생기는 불안은 환자에게 극

심한 고통을 일으킨다. 만성 호흡 곤란일 때는 대부분 수면 중에 평화롭게 죽는다. 왜냐하면 우리 몸이 혈중의 높은 이산화탄소 농도에 적응하면 어느 시점부터는 이산화탄소 과잉 상태, 즉 과탄산혈증에 빠지면서 자연스럽게 죽음을 맞이하기 때문이다.

간 죽음 : 만일 간이 종양 전이로 인해 해독 공장으로서의 기능을 상실하면 물질대사 과정에서 생긴 독성 물질은 혈액 속에 축적된다. 간 환자들의 피부와 눈에 특징적인 황달 현상을 일으키는 암모니아나 빌리루빈 같은 물질이 그것인데, 이 물질들은 뇌의 기능을 둔화시켜 환자를 몽롱한 상태에 빠뜨리고, 결국에는 깊은 혼수상태와도 같은 간성뇌증에 이르게 한다. 이 상태에서 환자는 대체로 평화롭게 사망한다. 하지만 간성뇌증에 이르기 전에 착란과 불안 증세가 나타나기도 하는데, 이 단계에서는 특별한 치료가 필요하다(4장 B 참조).

신장 죽음 : 신장도 우리 몸에서 중요한 해독 작용을 할 뿐 아니라 생명 보존에 필수적인 적정한 이온 농도(나트륨, 칼륨, 칼슘 등) 유지를 책임진다. 이온의 균형이 깨지면 착란과 경련은 물론이고 심장 리듬에 장애가 발생할 수 있는데, 심할 경우 심정지까지 나타난다. 결국 혼수상태에 이르는 임종 과정은 간 죽음과 비슷하다.

뇌 죽음 : 여기서는 의도적으로 '뇌사'라는 표현을 사용하지 않았다. 왜냐하면 이 개념은 무엇보다 장기 이식을 둘러싼 논쟁과 바로 연결

되기 때문이다(다음 절 참조). 뇌 죽음은 일단 뇌 손상에 따른 죽음을 가리키는데, 이는 다시 두 그룹으로 나뉜다. 첫 번째 그룹은 출혈, 뇌졸중으로 인한 부종과 전이처럼 뇌에서 압력이 상승하는 사례이다. 압력이 상승하면 두개골의 좁은 공간에서 뇌 일부가 눌려 으깨어지는데, 이로 인해 뇌 기능이 망가지면서 죽음에 이른다. 이른바 '뇌탈출'이다. 이 죽음의 유형은 상대적으로 빨리 진행되고 신속하게 의식 장애로 이어지지만 경련과 통증을 동반할 수도 있다. 두 번째 그룹은 치매와 다른 신경 변성 질환을 앓는 환자들의 사례인데, 첫 번째보다 훨씬 빈번하다. 이 질환으로 인한 뇌의 붕괴 과정은 몇 년에 걸쳐 서서히 진행되다가 마침내 뇌가 더 이상 음식을 먹고 삼키는 것과 같은 생명에 필수적인 기능조차 조종할 수 없는 단계에 이른다. 이 그룹은 느린 진행 속도 때문에 대체로 평화로운 죽음을 맞는다. 불필요한 의료 처치가 평화로운 임종 과정에 개입되지 않는다면 말이다(6장 참조).

많은 죽음의 사례는 방금 설명한 죽음의 유형들이 두 개 또는 여럿이 조합되어 나타난다. 예를 들면 상당히 진행된 치매에 폐렴이 더해진 죽음처럼 말이다. 어쨌든 모든 죽음 과정이 원칙적으로 생명에 필수적인 기관들 중 하나나 여럿이 손상되는 것에서 시작된다는 사실을 기억할 필요가 있다.

뇌사는 인간이 죽은 상태인가?

뇌사 논쟁은 임종과 관련해서 우리 사회 일각의 비합리적인 불안에 대한 좋은 예이다. 안타깝지만 의사와 과학자들도 이런 불안을 말끔히 씻어줄 만큼 이 까다로운 문제를 명확하게 설명해주지는 못한다.

오늘날 뇌사 판정은 주로 이식을 위한 장기 적출에 이용된다. 그를 위해선 우선 환자의 상태가 생명에 필수적인 장기를 적출하는 데 윤리적으로나 법적으로 문제가 없어야 한다. 다른 한편으로 적출팀이 올 때까지 환자의 기본적인 인체 기능(호흡과 순환)에 인위적인 처치로 장기를 온전히 보존하는 것이 가능해야 한다. 그렇지 않으면 장기는 몇 분 안에 손상되어 더 이상 사용할 수가 없다.

뇌사의 기준은 이런 조건을 충족해야 한다. 뇌사란 모든 신체 기능이 되돌릴 수 없을 만큼 훼손된 시점을 가리키지 **않는다**. 현대의 집중 치료술 덕분에 뇌사 환자도 경우에 따라선 기본적인 신체 기능을 몇 주 이상 유지할 수 있다. 따라서 뇌사는 뇌간*의 원활한 기능에 최소한으로 필요한 유기체의 온전함이 돌이킬 수 없을 정도로 손상된 시점을 이른다. 이는 곧 이 시점부터 인위적인 의료 개입으로 개별 장기들의 수명의 길이는 각각 다르지만 생명을 늘릴 수 있다는 것을 의미한다.

---

* 뇌와 척수를 이어주는 줄기 역할을 하는 부위.

물론 이 시점에 이르면 온전한 **생물학적 통일체로서 전체 유기체의 죽음**은 이미 돌이킬 수 없다. 식물인간 상태의 환자와 달리 뇌사 상태의 환자는 호흡과 순환에 대한 지원이 끊기면 뇌의 조종이 불가능해지면서 삶에 필수적인 기능도 즉시 붕괴된다.

임종과 관련한 많은 상황이 그러하듯 뇌사 상태와 관련해서도 이성적이지는 않지만 결코 무시할 수 없는 직관적·심리적 차원의 문제가 존재한다. 살갗은 핏기가 돌아 불그스름하고, 몸은 따뜻하고, 겉보기엔 평온하게 잠을 자는 것 같은 사람을 보면서 이미 '죽은' 사람으로 받아들이는 것은 사실 쉬운 일이 아니다. 이러한 심리적 저항감은 장기 이식과 관련한 상담을 해본 의사라면 누구나 알고 있듯이 합리적인 논거로는 바로 사라지지 않는다. 일단 그런 심리적 저항감 뒤에 자리하고 있는 가족의 슬픔과 절망을 받아들이고 인정하는 것이 중요하다. 그런 다음 이런 상황에서는 **환자의 추정 의지**가 중요하다는 점을 조심스레 상기시킬 필요가 있다. 만약에 환자가 이런 상황에서 대답을 할 수 있다면 평소 소신으로 보아 자신의 장기 적출에 동의하겠느냐고 묻는 것이다. 이 시점에서 환자가 이미 법적으로나 의학적으로 죽었다는 것이 그의 의지를 무시해도 된다는 뜻은 아니다. 그렇지 않다면 유언장이나 장기 기증 신청서를 미리 작성해놓을 필요는 없을 것이다. 환자의 의지를 확인하는 것은 가족에게도 부담을 크게 덜어줄 수 있다. 그건 임종

상황에서 대리자들이 내리는 모든 결정에 해당된다(8장 참조).[2]

평행 과정으로서 태어남과 죽어감

출산 과정과 임종 과정에는 놀랄 정도로 유사점이 많다. 두 과정은 모든 인간, 아니 모든 생물에게 공통되는 유일한 사건이자, 그 자체로 잘 진행될 수 있도록 자연이 미리 대책을 마련해놓은 생리학적 과정이다. **그렇기에 대부분의 경우 두 과정은 의학적 개입이 적을수록 원활하게 진행된다.** 하지만 현대 의학은 점점 더 빈번하게, 점점 더 공격적으로, 또 부분적이지만 점점 더 불필요하게 두 과정에 개입한다.

태어남

임신과 출산 과정이 복잡한 생물학적 프로그램에 따라 어느 정도 자동적으로 진행된다는 것은 이미 오래전부터 알려져 있다. 최근 몇 년 사이 태아 발달에 관한 분자생물학적 연구가 세세한 부분까지 이루어졌다. 현미경으로만 확인할 수 있는 미세한 난세포에서 고도로 복잡한 인간 유기체가 만들어지는 환상적인 과정이 정말 상세히 연구되고 있다. 출산 과정에 대해서도 우리는 무척 많은 것을 안다. 예를 들어 출산은 특정 호르몬에 의해 조종되는데, 예정 시간이 지나면 출산을 '유도하려고' 그 호르몬을 인위적으로 투여할 수도 있다. 일반적으로 출산은 산모와 아이의 생존 가능성을 가장 높이는, 자연에 의해 정밀하게 준비된 도식에 따라 이루어진다. 경험이 많은 산파는 출산이 원활하게 진행되려면 자신이 그 과정에 되도록 개입하지 않는 것이 최선임을 안다. 의학의 개입도 몇몇 예외적인 경우에만 필요할 뿐이다. 출산의 절반이 의사의 도움 없이 가정에서 이루어지는 네덜란드는 신생아 사망률이 유럽에서 제왕절개가 가장 빈번하게 이루어지는 이탈리아보다 훨씬 낮다.

의사가 출산 과정에 반드시 참여해야 하는 경우도 더러 있다. 예를 들어 아기가 위치를 잘못 잡았다든지, 산모에게 질환이 있다든지 하는 경우다. 그 밖에 조산아와 세쌍둥이 이상을 출산하는 경우(후자는 주로 인공 수정을 통해 생긴다)도 해당되는데, 이럴 때는 산모와 아이의 생존과 건강을 위해 특별한 최첨단 의료 장비가 필요하다. 이와 관련해선 지난 몇 년 사이 엄청난 진보가 이루어져서 500그램 미만으로 태어난 아이들도 심한 장애 없이 대부분 생존할 수 있게 되었다.

안타깝게도 20세기의 마지막 몇십 년 동안 자연 분만에 대한 불신이 세간에 퍼졌고, 그것은 임신과 출산의 의료 의존성으로 이어졌다. 물론 임신 중에 질병의 조기 검진 효과는 원칙적으로 반박의 여지가 없지만, 그렇다고 해서 그렇게 자주 조기 검진을 받아야 하는지는 의문스럽다. 우연히 발견된 질병이 미래의 부모를 불안하게 하는 경우도 드물지 않다. 그리고 산부인과 의사들이 자주 권하는 제왕절개 분만은 자연 분만의 배척으로 이어졌다. 자연 분만의 가치는 최근 몇 년 사이에 재발견되었다. 그건 산파가 운영하는 조산원에 사람들이 북적거리는 것만 봐도 알 수 있다.

죽어감

죽어가는 과정에서도 마찬가지로 생물학적 프로그램이 돌아간다. 물론 우리는 이제야 그것을 서서히 이해하거나 재발견하기 시작하고 있다. 국제 질병 분류(ICD-10)에 자연사 항목이 없는 것은 눈에 띈다. 인간이 죽는다면 그것은 어떤 질병의 결과임이 틀림없다는 것이다. 예전에는 즐겨 사용하던 '노쇠함'으로 인한 죽음도 현대 의학에서는 더 이상 사용하지 않는다. 그러다 보니 의사들이 환자의 임종 과정에 지속적으로 개입해야 한다고 느끼는 것도 이상한 일이 아니다. 그들은 우리가 준비하고 지각하고 동반할 수 있는 자연스런 임종 과정 같은 것이 있다는 사실을 알지 못하고, 배운 적도 없다. 또한 그 과정을 쓸데없이 방해해서는 안 된다는 것도 모른다(6장과 7장 참조).

약 90퍼센트에 이르는 것으로 추정되는 가장 흔한 임종 과정은 관련 교육을 받은 가정의와 때에 따라선 호스피스 간병인을 동반한 상태에서 얼마든지 죽어가는 사람의 집에서 진행될 수 있다. 나중에 보게 되겠지만 약 10퍼센트의 죽음 사례에서는 전문화된 완화 치료 지식이 필요하고, 그 지식은 이른바 특수 이동 완화 치료 서비스팀을 통해 대부분의 가정에서 사용될 수 있다(3장 참조). 다만 죽어가는 사람의 1, 2퍼센트 정도는 상태가 위중해서 전문 완화 병동에 입원해야 한다. 여기서는 현대 의학의 모든 수단이 투입될 수 있지만, 그런 경우도 통증 완화의 목적을 넘어서는 안 된다.

안타깝지만 20세기 후반기에는 임종 과정에도 의료화* 과정이 시작되었다. 수술 의학과 집중 치료술의 눈부신 발전으로 의학계에서는 못할 것이 없을 것 같은 자신감이 생겨났다. 이런 자신감은 결국 죽음을 극복해야 할 적으로서, 또는 자기애적인 모욕까지는 아니더라도 일종의 패배로 느끼는 분위기를 불러왔고, 지금도 그런 분위기는 일부 남아 있다. 독일에서 가장 유명한 심장외과 의사로 알려진 뮌헨 대학의 브루노 라이하르트 교수는 2007년에 한 언론과 인터뷰를 했는데, "나는 죽음을 미워한다"[3]라는 이 기사의 제목에 이미 많은 것이 담겨 있다. 이런 태도의 결과는 예나 지금이나 한결같다. 환자와 가족에게 불필요한 고통을 일으키고, 의사와 간병인에게 좌절과 탈진을 안기는 것이다.

출생 과정과 비슷하게 임종 과정에서도 이러한 빗나간 발전에 대한

---

* Medicalization. 모든 문제를 의료적 관점에서 접근해 처리하려는 경향.

반작용으로 사고의 전환이 시작되었다. 이것은 임종 과정의 동반자라는 의사 본연의 사명과 자연사의 가치를 '재발견하는' 과정이다("의사가 환자를 완치하는 일은 가끔 있고, 환자의 고통을 줄여주는 일은 자주 있지만, 환자를 편안히 해주는 일은 노력하면 항상 가능하다." 이는 의사라는 직업의 오래된 규정이다).[4] 한편에서 '부드러운 출산'을 소망한다면 다른 한편에서는 거의 모든 사람이 '부드러운 죽음'을 소망한다. 이것이 무슨 의미인지, 그런 죽음에는 어떤 도움의 가능성이 있는지, 또 그런 죽음은 어떻게 준비할 수 있는지 다음 장들에서 살펴보겠다.

임사臨死 체험

죽어가는 것을 다루는 책이라면 우리가 보통 '임사 체험[*]'이라고 부르는 현상을 무시할 수 없다. 이 현상에 대해서는 지난 몇 년 사이 많은 자료와 보고가 수집되었다. 카를 구스타프 융조차 자신이 그런 경험을 한 뒤에 일종의 '유체 이탈 같은 체험out of body experience'을 연구한 바 있다. 이후 이 주제와 관련해서 수십 권의 책과 무수한 기사들이 쏟아졌다. 죽어가는 사람과 수없이 동행했던 의사로서 고백하자면 나

---

[*] 사고나 질병 따위로 의학적 죽음 직전까지 갔다가 살아남은 사람들이 겪은, 죽음 너머의 세계에 대한 체험. 이런 사례에 대한 기록은 수천 년 전부터 있어왔다.

는 그런 사례를 만난 적이 한 번도 없다. 그런데 대부분의 임사 체험은 사고 현장, 집중 치료실, 수술실의 환경에서 일어나지, 완화 치료 과정에서는 일어나지 않는다.

어쨌든 이런 사례들에서는 수술 중이나 다른 형태의 의식 장애 중에 마치 자신이 몸에서 떨어져 나와 밖에서 이 상황을 지켜보는 것 같았다는 보고가 많다. 심지어 당사자들은 수술팀 등 현장에 있던 사람들이 그 상황에서 무슨 말을 했고, 무슨 행동을 했는지도 일부 정확히 기억한다. 그 밖에 긴 터널 끝에 강한 빛이 있었고, 그 빛 속에서 죽은 친척이나 종교적 인물을 보았다고 하는 사람도 많다. 아무튼 그들은 대체로 그때 평화롭고 평안한 느낌에 사로잡혀서 자신의 몸으로 '다시 돌아가는 것'이 내키지 않았다고 이야기한다.

이런 경험은 사실 객관적으로 증명할 수는 없다. 당사자들이 모두 죽은 것이 아니라는 공통점이 있기 때문이다. 만일 죽었다면 그런 이야기를 전할 수조차 없었을 것이다. 이런 현상에 관한 납득할 만한 신경생리학적 설명이 있는지에 대해선 논란이 분분하다. 하지만 분명한 것은 임사 체험을 한 대부분의 사람들이 그 이후 죽음에 대한 공포가 현저히 줄었고, 삶의 태도도 예전보다 한결 고요하고 침착해졌다는 것이다. 그것 하나만으로도 이 현상을 긍정적으로 여기기엔 충분하다. 죽음에 대한 공포를 줄이는 것은 인간에게 도움이 되기 때문이다.

2
임종

소망과 현실

한 사회의 미래 능력은 사회적 약자와 도움이 절실히 필요한 사람들을
어떻게 다루는지만 봐도 알 수 있다. 그런 이들 가운데
가장 앞자리를 차지하는 사람은 간병이 필요한 고령자들이다.
언젠가는 누구나 그런 부류가 될 수 있다는 사실을
현재로선 모두가 간과하고 있다.

임종을 주제로 강연할 때면 나는 청중들에게 죽음과 관련해서 자신이 가장 소망하는 그림이 무엇인지 묻곤 한다. 그러면서 다음 세 가지 중에서 하나를 고르라고 한다.

1. 건강한 상태에서 심근경색처럼 뜻하지 않게 갑자기 죽는 경우
2. 암과 같은 중병을 앓으면서도 2, 3년 정도 길지 않게 또렷한 의식을 유지하고, 최상의 통증 완화 치료를 받으며 죽어가는 경우
3. 치매를 앓으면서 8~10년에 걸쳐 천천히 죽어가는 경우. 물론 이때도 최상의 간호와 완화 치료는 보장된다.

청중에게는 결정을 내릴 시간이 15초밖에 주어지지 않았다. 반면에

지금 이 책을 읽는 당신은 훨씬 더 많은 시간을 갖고 자신이 어떤 선택을 하고, 그 이유가 뭔지 차분하게 생각해볼 수 있다. 원한다면 당신이 그런 결정을 내린 이유를 글로 쓸 수도 있다(이와 관련한 이야기는 8장에 다시 나올 것이다). 또한 당신은 많은 사람이 어떤 결정을 내렸을지도 생각해볼 수 있다. 답은 이렇다. 청중의 4분의 3은 대략 첫 번째 경우, 즉 예기치 않은 돌연사를 선택했다. 나머지 4분의 1은 대체로 두 번째 경우, 즉 또렷한 의식을 가진 상태에서 2, 3년 정도 더 사는 죽음을 택했다. 다만 세 번째 경우, 치매를 앓으면서 천천히 죽는 길을 선택한 사람은 가뭄에 콩 나듯 했다.

이는 소망과 현실의 모순을 극명하게 보여준다. 그런 모순은 살면서도 늘 있는 일이지만, 죽음 앞에서도 피해가지 않는다. 대부분의 사람이 소망하는 첫 번째 경우는 실제 현실에선 5퍼센트가 되지 않는다. 반면에 두 번째 경우는 대략 50~60퍼센트, 세 번째 경우(치매)는 30~40퍼센트에 이른다. 게다가 세 번째 수치는 뚜렷한 증가세를 보이고 있다.

다음 질문은 소망하는 죽음 장소이다. 이것은 얼마든지 다르게 표현할 수도 있지만 여기서는 이렇게 물어보겠다. 집에서 죽기를 바라지 않는 사람은? 항상 소수의 청중만 그렇다고 대답했다. 이런 대답과 일치하게 다른 설문 조사들도 90퍼센트 이상이 자신의 집에서 죽고 싶

〈표 1〉 소망하는 죽음 장소

병원	42~43%
집	25~30%
요양원	15~25%(증가 추세)
호스피스	1~2%
완화 치료 병동	1~2%
다른 장소	2~5%

(출처 : 독일완화의학협회)

다는 소망을 피력했다. 하지만 현실에서 그 소망대로 죽는 사람은 전체의 4분의 1밖에 되지 않는다. 그보다 훨씬 많은 사람들이 병원이나 요양원에서 죽음을 맞이한다(〈표 1〉 참조).

이어지는 질문은 이렇다. 자신이 살던 집에서 죽을 가능성을 높이는 결정적인 요소는 무엇일까? 다시 말해서 자기 집에서 죽기 위해 필요한 건 무엇일까? 반사적인 첫 번째 대답은 돈이 많아야 한다는 것이다. 현대 사회의 가치 규범으로는 충분히 그럴 수 있어 보이지만, 원칙적으로 돈이 사람을 행복하게 해주지 못하는 것처럼 부가 집에서의 죽음을 보장해주지는 못한다. 그다음으로는 좋은 의사가 필요하다는 대답이 자주 나온다. 좋은 의사! 그렇다. 이건 나중에 다시 살펴보겠지만 완전히 틀린 대답은 아니다. 하지만 두 가지 애매한 지점이 있다. 우선 좋은 의사에 대한 정보가 없다. 특히 의사들은 좋은 의사와 나쁜 의사로 나누는 것을 싫어한다. 둘째, 좋은 의사의 요소와 관련해서는 개인이 직접 할 수 있는 일이 별로 없다. 설사 내가 사비를 들이거나 민영 보험 가입자라고 하더라도 그에 대한 보장이 되지는 않는다. 세 번째 대답은 옳은 방향으로 나아간다. 바로 가족이나 친척이다. "어떤 가족이냐?"는 질문에는 '배우자'라는 답이 가장 많이 나온다. 충분히 이해할 수 있는 답이다. 하지만 좀 더 자세히 들여다보면 안타깝게도 죽어가는 사람의 대부분은 고령이고, 그렇다면 배우자 역시 아직 살아 있다고 해도 나이가 분명 많을 텐데, 그럼 집에서 상대 배우자를 보살펴줄 만한 여건이 되지 않는다. 이어지는 답은 '자식'이다. 한결 나아 보이지만, 이것도 좀 더 들여다볼 필요가 있다. 즉 "어떤 자식이냐?" 하는 것이다. 이 대목에 이르면 청중 가운데 여성들은 어렴풋이 감을 잡고 옳게 대답한다. 딸이라는 것이다!

이건 결코 사소한 차이가 아니다. 관련 자료에 따르면 딸이 집에서 부모를 보살필 확률은 아들보다 네 배나 높다. 심지어 세간의 통념과는 달리 며느리가 돌볼 가능성도 아들보다 더 높다. 그렇다면 가장 중요한 임종 대비책으로 딸을 최소한 하나, 아니 되도록 여럿을 낳는 것이 바람직하다(이건 농담으로 하는 소리가 아니다!). 그럼에도 어쩔 수 없이 아들만 낳은 사람이라면 며느리를 고를 때 각별히 유의해야 하고, 결혼 뒤에는 평소에 며느리와 좋은 관계를 유지해야 한다.

임종 단계에서 부양과 관련해 가장 큰 문제는 인구통계학적 변화다. 〈표 2〉는 2050년에 예상되는 독일의 연령 피라미드를 보여주는데, 여기에 문제가 고스란히 드러나 있다.

나를 포함해 이런 기하학적 도표에 약한 사람이라도 도표의 연령 분포가 피라미드형이 아니라는 사실을 한눈에 알아볼 수 있다. 이 도

〈표 2〉 2050년 독일의 연령 분포도

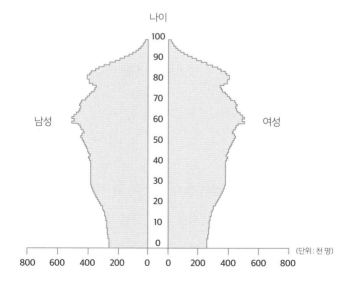

표에선 피라미드를 받치는 토대가 부실하다. 다시 말해 아이들이 없다. 부족한 아이들은 '나중에' 다시 생산되는 게 아니라 그저 이 세상에 존재하지 않는다. 독일은 몇 년 전부터 세계에서 출생률이 가장 낮은 축에 속한다.[5] 그 때문에 한 인구통계학자는 현재의 40~50세를 가리켜 독일 역사상 생식 활동을 가장 게을리한 '생식 불발탄' 세대라고 불렀다. 우리 모두가 그 결과를 체감할 날도 멀지 않아 보인다.

인구통계학자들은 자기들끼리 있을 때는 우스갯소리로 미래의 연령 분포도를 바꾸어 부른다. 그러니까 더 이상 '인구 피라미드'라고 부르지 않고 '인구 항아리'라는 표현을 쓰는 것이다. 우리 중 많은 이들에게는 2050년이라는 시점이 앞의 도표 속 항아리에서 다시 새로운 항아리로 넘어가는 기점이라는 점에서 흥미롭다. 자, 이제는 우리의 원래 주제로 돌아가 아직 살펴보지 못한 죽음 장소의 문제를 상세히 들여다보자.

병원

대부분의 사람은 병원에서 죽음을 맞는다. '특수 이동 완화 치료 서비스(SAPV)'(3장 참조)의 도입으로 많은 중병 환자들이 집에서 죽음을 맞을 가능성이 한층 높아졌지만, 가까운 미래에 이런 상황이 크게 바뀔 것 같지는 않다. 독일 병원은 다른 나라와 비교하면 여러모로 시스템이 잘 갖추어져 있고, 관련 통계에 따르면 의료 서비스의 질도 세계 최고 그룹에 속한다(물론 독일인들은 이것을 잊고 있을 때가 많다). 하지만 이런 통계는 신생아 사망률이나 수술 후 사망률 같은 객관적인 기준에 따른 것일 뿐, 죽어가는 사람을 돌보는 의료의 질은 그 기준에 포함되지 않는다.[6]

사실 독일 병원에서는 죽어가는 사람을 여전히 병원 운영에 전혀 도움이 안 되는 존재로 보기 때문에 최대한 빨리 떨쳐내고 싶어 한다. 최악의 경우에는 아예 '부정적인 비용 요인'으로 취급해 가끔 비용을 줄이기 위해 이들을 다른 곳으로 빨리 보내버려야 한다는 압박감이 병원 관계자들을 짓누르기도 한다. 그러다 보니 회진의 빈도와 시간은 줄어들 수밖에 없고, 환자가 사망하자마자 시신을 바로 지하 안치실로 보내버리는 경우도 드물지 않다. 가족 입장에서는 품위 있는 마지막 작별 인사도 하지 못한 채 말이다. 병원 입장에서는 새 환자를 들이려면 침대를 빨리 비워야 하는 것이다.

다행인 것은 그사이 점점 더 많은 병원에서 사고 전환이 일어나고 있다. 그건 물론 완화 의료 시설의 증가 덕분이기도 하다. 어쨌든 그와 함께 친지들이 죽어가는 사람과 인간적으로 마지막 인사를 나눌 수 있는 작별 공간의 문화가 서서히 생겨나고 있다. 다음 사진은 그런 '정적의 공간'에 대한 두 가지 사례이다.

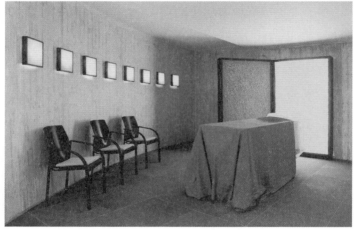

뮌헨 대학병원 '학제 간 완화의료센터' 내 완화 치료 병동에 설치된 '정적의 공간'. 이 공간에서는 특정한 종교적 색채에 국한되지 않고 다양한 색깔의 조명을 사용할 수 있다. 원한다면 십자가 같은 종교적 상징물을 빔 프로젝터로 만들어낼 수 있다. 이 공간은 바르바라 에블레―그래베너가 구상했다.(위) 프랑크푸르트 훼히스트 시립병원에 있는 '정적의 공간'. 마델라이네 디츠가 설계했다.(아래)

집중 치료실

상당히 많은 사람들이 집중 치료실(중환자실)에서 죽는다. 이곳은 치료와 죽음이 모순적으로 공존하는 공간이다. 현대적 집중 의료 기술의 진보는 많은 사람들의 생명을 구해냈다. 그럼에도 집중 치료실에서 죽어야 한다는 상상은 대부분의 사람에게 끔찍하게 다가온다. 원하는 죽음 장소에 대한 설문 조사에서 집중 치료실을 택한 사람은 거기서 일하는 의사들뿐이다. 이게 역설적으로 비친다 하더라도 사실 집중 치료실에서의 죽음에 단점만 있는 것은 아니다. 이곳에서의 죽음은 최첨단 의료 장비의 투입과 진통 완화 면에서는 탁월한 장점이 있다. 특히 집중 치료실에서는 모르핀이나 다른 강한 진통제의 사용에 제한이 없다. 그러나 집중 치료실은 대체로 임종 동행*에는 적합하지 못하다. 게다가 집중 치료실 의사들은 종종 관련 교육을 받지 못한 탓에 더 이상의 생명 연장 시도가 무의미하고 단지 완화 의료 조치만 필요한 시점에 대한 이해가 없다(7장 참조). 하지만 여기서도 서서히 사고 전환이 일어나고 있다.

---

* 죽음을 앞둔 환자를 심리적으로 위로하고 따뜻하게 보살피는 과정. 이 과정에는 가족은 물론이고 의사, 심리 상담사, 성직자 등이 곁을 지키면서 환자가 편안하게 죽음을 맞이할 수 있도록 돕는다.

요양원

삶을 요양원에서 마감한다는 상상은 많은 사람들에게 끔찍한 일이다. 그래서 그들은 심각하게 자살을 고민하고, 심지어 이 운명에서 벗어나려고 외국의 자살 조력 기구에 문의하기도 한다. 요양원도 병원과 마찬가지로 질적인 면이나 임종 동행의 측면에서 편차가 크다. 로베르트 보슈 재단은 최근에 양로원과 요양원에서 완화 치료 도입을 위한 교육 프로그램을 실시했는데, 이 프로그램은 점차 확산되고 있다.[7] 요양원을 선택할 때는 완화 치료 방식이 중요한 역할을 하지만, 실제로 요양원에서 완화 치료를 하는 경우는 없다. 이는 요양원에 머무는 대부분의 사람이 거기서 죽음을, 그것도 곧 죽음을 맞이한다는 사실을 감안하면 퍽 이상한 일이다. 그곳의 평균 체류 기간은 1년이 조금 넘는다. 따라서 요양원에 들어가는 것은 췌장암 같은 악성 종양보다 더 나쁜 예후를 갖고 들어가는 것이나 다름없다. 진지한 고민이 필요한 대목이다.

한 사회의 미래 능력은 사회적 약자와 도움이 절실히 필요한 사람들을 어떻게 다루는지만 봐도 알 수 있다. 그런 이들 가운데 가장 앞자리를 차지하는 사람은 간병이 필요한 고령자들이다. 언젠가는 누구나 그런 부류가 될 수 있다는 사실을 현재로선 모두가 간과하고 있다. 그렇지 않고서야 많은 관련 기관에서 인간을 등한시하는 문화가 판치고, 양로원에서 일하거나 간병받는 사람들의 인간 멸시적인 조건은 설명되지 않는다. 만일 이런 상황이 근본적으로 바뀌지 않는다면 언젠가 '사회계약적인 조기 사망'이라는 현실이 현재 우리가 상상하는 것보다 훨씬 직접적으로 우리 모두에게 닥칠 것이다.

집

앞서 말했듯이 대부분의 사람은 자신이 살던 집에서 숨을 거두고 싶어 한다. 하지만 현실은 다르다. 이유는 무엇보다 그럴 수 있는 사회 환경, 특히 가정 환경이 조성되어 있지 않기 때문이다. 그런 점에서 도시의 인구 밀집 지역과 지방의 시골에는 큰 차이가 있다. 베를린이나 뮌헨 같은 대도시에서는 가장 많은 가구가 1인 가구인 반면에 시골의 많은 지역에서는 여전히 전통적인 가족 구조가 유지되고 있다. 대가족의 이점이 갑자기 중요한 현실 문제로 다시 떠오르고 있다. 그를 위해선 일단 여러 세대가 골고루 분포해야 한다. 하지만 앞서 언급한 인구통계학적 항아리 구조만 보더라도 그런 대가족 구성의 토대는 허약하기 짝이 없다. 이렇듯 아이 세대가 부족하다 보니 몇 년 전만 해도 미친 짓으로 폄하되던 노인 공동체 같은 구상이 현재 진지한 대안으로 제시되고 있다. 이 방향은 분명 옳다. 하지만 늘 그렇듯이 악마는 디테일에 숨어 있다. 그럼에도 이런 식의 발전 양상에서 희망의 빛을 찾을 수밖에 없다.

그런데 사랑이 넘치는 온전한 가정을 꾸민 사람도 집에서 죽을 가능성을 높이려면 몇 가지 유의해야 할 사실이 있다. 우선 대도시 근교를 포함해 시골 지역은 사회 기반 시설이 대체로 도시보다 열악하다는 사실을 감안해야 한다. 이는 고령자 간병에도 해당되는데, 최근 몇 년 사이 많이 관찰되고 있는 '구도심 재집중화' 현상의 원인이기도 하다. 부유한 사람들은 자식이 장성해서 집을 나가면 아름다운 교외의 정원 딸린 집을 떠나 다시 도시로 돌아간다. 예전에 살던 집과는 비교가 안 될 정도로 작은 아파트지만, 주변에는 기반 기설이 잘 갖추어져 있다.

그럼에도 늙고 병든 사람이 집에서 간병을 받으려면 불법에 가깝거나, 아니면 완전히 불법인 외국인 간병 인력을 이용해야만 가능하다는 현실은 이미 우리 사회에 만연한 폐해다. 이와 관련해서도 지속적인 외면이나 방치보다는 정책을 통한 현실 인정이 더 도움이 될 듯하다. 경제적으로 감당할 수 있는 수준에서 외국 간병 인력을 합법적으로 용인할 조건이 만들어지지 않는다면 불법 노동은 계속 번창할 것이다. 수상쩍은 중개업체들의 착취와 양쪽으로부터의 학대 같은 사회적 종양과 함께 말이다.

완화 병동과 호스피스

통계적으로 보면 완화 병동과 호스피스에서 죽음을 맞는 경우는 굉장히 적다. 수치로 따지면 현재 2~4퍼센트밖에 되지 않는다. 왜 그런지, 또 그것이 왜 좋은지는 다음 장에서 자세히 살펴보겠다. 임종 동행의 구조들과 그 상호 연관성을 설명하면서 말이다.

3

임종 동행의 구조

임종 단계에서 필요한 것을 물어보면
사람들은 근본적으로 두 가지 소망을 이야기한다.
통증으로부터의 자유와 보호받는 느낌이다.

임종 단계에 있는 사람에게 필요한 것은 무엇일까? '사랑과 관심'이라는 답은 너무 뻔해 보인다. 게다가 이건 임종 단계뿐 아니라 살아가는 내내 우리 모두에게 필요한 것이기도 하다. 최근 연구에 따르면 그것도 태어날 때부터가 아니라 태어나기 전부터 말이다. 하지만 이런 상황을 고려하더라도 그 대답은 틀리지 않았다. 임종 단계에서 필요한 것을 물어보면 사람들은 근본적으로 두 가지 소망을 이야기한다. 통증으로부터의 자유와 보호받는 느낌이다. '통증으로부터의 자유'라는 개념에서 대표적인 것은 고통 완화에 대한 소망인데, 여기서 고통은 육체적 고통만을 의미하지 않는다. '보호받는 느낌'은 사회 시스템에 의한 보호를 가리킨다. 다시 말해 인간을 대체할 수 없는 정체성과 품위를 가진 개인으로 대우하면서 죽음까지 동행하고 존중하는 사회 시스템이 갖추어졌으면 하고 바라는 것이다. 게다가 '보호받는 느낌'에는 자신과 가시적 세계를 초월하는 거대한 관련성 속에 자신이 포근하게 감싸여 있다는 느낌도 함축되어 있다. 여기서 거대한 관련성은 종교적으로 해석될 수 있지만, 반드시 그렇지는 않다.

사회적으로 보호받고 있다는 감정은 온전한 가족 구조가 전제될 때 가장 이상적이다. 그런데 지난 몇십 년 사이 이런 가족 구조가 여러 이유로 점점 허물어지고 있다. 결혼하는 사람은 감소하고, 이혼 가구는 증가하고, 대신 한시적인 동거 관계는 점점 늘고 있다. 이는 도덕적 가치 판단의 문제가 아니다. 객관적인 통계가 그렇다는 말이다. 앞서 언급했듯이 그에 따른 결과는 도시 인구 밀집 지역을 중심으로 관찰되는 독신 가구의 보편화 현상이다. 이는 많은 고령자들의 사회적 고립 문제를 해결해야 하는 임종 동행의 구조에도 영향을 끼친다. 다음에는 임종 동행의 중요한 기둥들을 소개하겠다.

동네 의사

동네 의사들이 임종 동행을 떠받치는 가장 중요한 기둥이고, 앞으로도 그럴 거라는 이야기를 들으면 아마 깜짝 놀랄지 모른다. 사실 동네 의사, 그중에서도 특히 가정의학을 전공한 의사들 없이는 아무것도 되지 않는다. 앞서 설명했듯이 완벽하게 돌아가는 건강 보건 시스템에서는 죽어가는 사람의 90퍼센트 이상이 죽음에 이를 때까지 훌륭한 증상 완화 치료를 비롯해 순조로운 동행 서비스를 받을 수 있어야 한다. 완화 의학 전문의의 힘을 빌리지 않더라도 말이다. 그러려면 의대 본과와 전문의 수련 과정에서 해당 지식을 습득하는 것이 필수이다.

가정의는 건강 보건 시스템에서 핵심 역할을 하는데, 앞으로 그 역할은 더 커질 것으로 보인다. 가정의들은 수년간, 때로는 수십 년간, 드물게는 세대를 훌쩍 뛰어넘어 동네 사람들을 연속적으로 돌볼 수 있다. 죽어가는 것의 사회적 요소를 생각하면(4장 C 참조) 가정의의 의미는 분명해진다. 영어권에서는 가정의에 대해 '패밀리 닥터'[8]라는 좀 더 아름다운 표현을 사용한다.

그사이 동네 가정의들은 임종과 관련해서 자신들의 사명을 진지하게 인지하고 있을 뿐 아니라 거기서 더 나아가 구조적 조건들의 개선을 일관되게 요구하기 시작했다. 하지만 가정의가 한 가구를 방문할 때 평균 18유로 정도밖에 받지 못하는 상황이 바뀌지 않는 한 정말 사명감이 투철한 적극적인 의사들을 빼면 그런 임종 동행 서비스에 드는 육체적·감정적·시간적 비용을 감내할 의사가 없다는 사실은 이상한 일이 아니다.

전문의의 상황은 좀 다르다. 이들은 심장 카테터법이나 장기 내시경 검사같이 전문화된 기술 성과를 통해 상대적으로 꽤 높은 보수를 받는다. 그런데 전문의 시스템에서는 지극히 일반적인 개별 기관에 대한 집중이 종종 통합적 임종 동행에 방해가 되기도 한다. 안타까운 일이다. 왜냐하면 오늘날 대부분의 사람은 부분적으로 복잡하게 진행되는 만성 질환으로 사망하기 때문이다. 예를 들면 심장 질환, 암, 신경 계통의 만성 질환을 비롯해 폐 질환, 간 질환, 신장 질환 등이 있다. 여기서 전문의들의 전문 지식은 전체적인 연관성 속에서 적절한 임종 동행에 요긴하다. 의학의 진보로 만성 질환자들의 생존 기간이 점점 길어지고 있기에 전문의들이 환자를 몇 년씩 치료할 때가 많다. 그렇다면 그들이 환자의 마지막 과정까지 동행하는 것은 필연적인 일이다. 하지만 안타깝게도 심장 담당 의사와 신경 계통 의사 또는 폐 전문의들은 이러한 사명을 별로 자각하지 못하고 있다.

특수 이동 완화 치료 서비스팀

이것은 독일 보건 제도에서 최근 몇 년 사이 정말 중요한 혁신 중 하나다. 2007년 의료 시스템 개혁과 함께 모든 피보험자에게는 '특수 이동 완화 치료 서비스'(줄여서 '이동 완화 서비스')를 요구할 수 있는 법적인 권리가 보장되었다. 물론 막대한 추가 지출을 염려하는 건강보험공단의 반발도 거셌다. 게다가 그 제도의 도입으로 만성적인 경쟁에 시달리지 않을까 걱정하는 동네 의사들도 의구심을 표했다. 그렇다면 이동 완화 서비스는 정확히 어떤 것일까?

이 용어 뒤에는 보건 제도가 으레 그렇듯 실타래처럼 복잡하게 뒤엉킨 조항들이 숨어 있다. 이해 당사자들 간에 간신히 합의를 이룬 타협의 결과물이기 때문이다. 그런데 정작 이 제도의 주인공에 해당하는, 완화 치료가 필요한 환자들은 안타깝게도 이 법규를 만드는 과정에 거의 참여하지 못했다. 이른바 환자 참여, 즉 환자 중심의 의료는 영미권에서는 벌써 오래전부터 일반화된 규칙이다. 하지만 독일에서는 여전히 머뭇거리는 단초만 있을 뿐이다. 그것도 많은 회의와 함께. 그래서 협상 과정에서 이런 말이 나오기도 했다. "자신에게 뭐가 좋고 뭐가 나쁜지는 환자 스스로 결정해야 한다!"

모든 피보험자에게 법적으로 보장된 이동 완화 서비스가 실현되려면 독일 전체를 아우르는 이동 완화 서비스팀이 구성되어야 한다. 이 팀은 의사와 간호사, 그리고 협력 인원(여기엔 사회복지사도 포함될 수 있다)으로 이루어진다. 보통 8명으로 구성된 한 팀이 주민 25만 명을 담당하는데, 독일 전역을 망라하려면 단순 계산해서 총 330개 팀이 필요하다. 이동 완화 서비스팀의 임무는 특히 말기 중환자들을 가정에서 돌보는 가정의를 지원하는 것이다. 또한 필요한 경우에는 환자의 간호를 전면적으로건 부분적으로건 직접 떠맡고, 24시간 비상 대기 시스템으로 불필요한 입원을 막고, 대부분 집에서 죽음을 맞길 원하는 환자의 소망을 실현시켜주는 것이다.

　이런 팀들 가운데 최소한 몇 개 팀은 현실에서도 무척 긍정적으로 활동하고 있다. 2009년 10월 뮌헨에서 건강보험공단과 계약을 맺고 처음 출범한 뮌헨 대학병원의 이동 완화 서비스팀은 첫해에 278명의 환자를 돌보았다. 물론 보험공단의 엄격한 재정 지원 규정을 충족한 경우는 175건에 불과했다. 어쨌든 사망 환자의 82퍼센트는 집에서 죽을 수 있었고, 17퍼센트는 완화 병동이나 호스피스 병동에서, 그리고 한 사람은 급성 환자 치료실에서 숨을 거두었다.[9] 독일인들 가운데 집에서 죽는 사람은 평균 25퍼센트인데, 규정상 중병을 앓고 보살핌이 필요한 완화 치료 환자들이 이동 완화 서비스팀의 주 대상인 점을 감안하면[10] 이 수치는 굉장히 고무적이다. 하지만 악마는 역시 디테일에 숨어 있다. 이동 완화 서비스팀의 가장 큰 문제점을 여기서 짧게 정리해보겠다.

1. 건강보험공단이 계약 체결 조건으로 내건 장벽은 너무 높다. 그게 환자의 안녕보다 자신의 이익 극대화를 더 중시하는 일부 '양심 불량' 의사들을 걸러내기 위한 수단이라는 점에서는 이해가 가지만, 그렇다고 이동 완화 서비스팀에 과도한 증명 의무를 부과하는 것은 수긍하기 어렵다. 그리되면 환자를 챙기는 것보다 사무실에 앉아 행정 업무를 처리하

는 데 더 많은 시간을 쏟을 수밖에 없다.

2. 특히 고약한 것은 보험공단과의 끊임없는 싸움이다. 공단 측은 의사의 처방이 있는 환자임에도 자가 통증 조절기 같은 기기들을 사용하지 않으면 이동 완화 서비스 대상으로 인정하지 않고 환자 간호에 돈을 대지 않으려는 경향을 보인다. 이는 전반적인 임종 동행으로서 완화 의료의 사명을 간과한 것일 뿐 아니라, 임종 동행을 기술적인 것으로 해결하려는 잘못된 방향으로 이끈다. 이동 완화 서비스의 취지가 원래 그런 기술화의 저지에 있는데도 말이다.

3. 최근에 보험공단이 이동 완화 서비스와 가정 돌봄 서비스를 경쟁시켜 비용을 절감하려는 경향을 보이는 것은 아주 위험하다. 이로써 죽어가는 환자를 둔 가정은 둘 중에 하나를 골라야 하는 선택의 기로에 서 있다. 이는 죽어가는 사람에 대한 돌봄의 질을 개선하려고 기존 돌봄 제도에다 일부러 이동 완화 서비스를 **추가한** 입법자들의 의도에 어긋난다. 이동 완화 서비스는 직접적인 간호 서비스나 치료 서비스가 **아니라** 임종 동행 과정에 가정의를 비롯해 다른 전문 인력을 배치하고 조언하고 지원하는 돌봄 서비스다. 선택의 기로에 처한 가정에는 보험공단의 조처에 법적으로 대응하거나 필요할 경우 여론에 호소하는 길을 추천한다. 경험상 기적을 만들어낼 수 있는 방법이다.

이 모든 문제에도 불구하고 이동 완화 서비스 제도의 도입은 원칙적으로 중병을 앓거나 죽어가는 사람의 가정 돌봄 서비스에 매우 긍정적인 발걸음이고, 그런 점에서 환영해 마지않는다. 그러나 앞으로의 실행은 지금까지보다 환자와 가족의 욕구에 좀 더 강력하게 초점을 맞추어야 하고, 부분적 이해관계들의 소모전으로 치달을 위험을 피해야 한다.

완화 치료 병동

완화 치료 병동과 호스피스의 차이를 이해하는 것은 중요하다. 의사들 중에도 이 차이를 제대로 모르는 사람이 의외로 많다. 완화 병동은 병원에 설치된 급성 환자 치료 시설로서 의사의 지휘를 받는다. 완화 병동의 임무는 일차적으로 임종 단계의 동행이 **아니라** 불치병 환자에게 갑자기 발생한 위기 상황을 진정시키는 것이다. 이런 위기의 유발 요소로는 통증과 호흡 곤란, 구토, 섬망 같은 육체적 증상뿐 아니라 가족 시스템 붕괴로 인한 심리사회적 위기나 삶을 끝내고 싶은 갑작스런 충동에 사로잡히는 실존론적/정신적 위기(대개 이런 소망은 도와달라는 외침이다. 9장 참조)도 있다.

완화 병동의 임무는 의사, 간호 인력, 사회복지사, 심리학자, 성직자로 이루어진 전문팀을 통해 위기의 원인을 찾아내 최대한 빨리 제거하고, 그로써 환자를 안정된 상태에서 훌륭한 돌봄 전망과 함께 집으로 돌려보내는 것이다. 그를 위해 이 병동은 급성 환자 전문 병원의 모든 진단적 치료 기능을 갖추고 있어야 한다. 왜냐하면 완화 치료는 그 자체로 최첨단 의료 기술이기 때문이다(4장 B 참조). 환자들은 평균 약 2주간 완화 병동에 머무른다. 퇴원율은 대체로 약 50퍼센트에 이르고, 이때 대부분의 환자는 집으로 돌아가지만 몇몇은 호스피스로 이송된다.

독일에서 완화 치료 병동은 1983년 쾰른 대학병원에 처음 설치되었는데, 외과의사 하인츠 피클마이어의 선구적 업적이다.

완화 치료 협진 서비스

완화 병동이 설치된 병원에서 일하는 의료진은 같은 병원의 다른 병동에 입원한 불치병 환자들의 완화 치료를 위해 정기적으로 초빙을 받아 상담을 해준다. 이런 형태의 '협진'(consilium: 라틴어로 '협의', '상의'라는 뜻)을 통해 통증과 증상을 최상으로 관리하고, 불필요한 치료를 막고, 말기 환자의 마지막 소망을 이루어준다. 그런데 완화 치료 협진 서비스가 제대로 작동하려면 거기에 여러 전문 인력이 포함되어야 하는데, 그중에서도 의료진과 간호 인력, 사회복지사는 필수이다. 영국에서 '병원 지원팀Hospital Support Team'이라 불리는 이런 팀들은 완화 치료의 기본 원칙을 병원 전체로 '전파하고', 앞서 언급한 것처럼 모든 사람의 절반 가까이가 죽음을 맞는 급성 환자 전문 병원에서는 완화 의료를 비용 절감 효과가 무척 큰 효율적인 방향으로 이끈다.

특히 완화 병동을 갖추지 못한 병원에 이런 협진 서비스가 도움이 되는 것은 명백하다. 2009년 이 서비스는 바이에른 지방에서 '병원 내 완화 치료 전문 프로그램'의 일부가 되었고, 그 덕분에 보험공단을 통해 재정 지원이 가능해지면서 질적 수준도 확보할 수 있었다.[11]

호스피스

독일에서 호스피스는 1986년 아헨에서 처음 문을 열었다. 바로 '회른 하우스' 호스피스다. '호스피스'라는 개념은 죽어가는 사람들을 위한 작은 전문 요양 병원 정도로 간단하게 정의할 수 있다. 이 시설엔 대체로 8~16개의 병상이 있고, 간병 시스템이 주를 이룬다. 완화 치료 병동과는 달리 호스피스에는 상주 의사가 없다. 그 대신 양로원이나 요양원과 비슷하게 동네 의사들이 호스피스에 직접 찾아와 그때그때 필요한 의료 처치를 한다. 이런 의사들은 대부분 그사이 완화 치료 자격증을 취득했고, 이후로도 계속 정기적으로 교육을 받는다. 하지만 앞서 언급한 것처럼 적절한 보상이 이루어지지 않는 한 가정의들을 이러한 활동에 적극적으로 나서게 하는 데는 현실적인 어려움이 따른다.

호스피스연합회가 호스피스를 운영하는 경우가 많지만, 가끔은 디아코니아 카리타스 같은 기독교 사회봉사 단체가 운영하기도 한다. 호스피스의 경제적 조건은 지난 몇 년 사이 개선되었지만, 그럼에도 운영 주체는 여전히 10퍼센트의 운영비를 자체적으로 마련해야 하고, 이는 이런 시설의 개설에 제약 조건으로 작용한다.[12]

이동 호스피스 서비스

수적으로 가장 많은 그룹은 이동 호스피스 서비스다. 1985년 뮌헨의 크리스토포루스 호스피스연합회가 이 서비스를 최초로 실시했다. 처음에 이 서비스 그룹의 핵심은 자원봉사자들이었다. 그러니까 봉사자들이 주로 혼자 외롭게 죽어가는 사람들 곁에 머물며 마지막 몇 주 또는 며칠 동안을 돌봐주었다. 그런데 그사이 이런 시스템에도 뚜렷한 변화가 일어났다. 우선 엄격한 규정에 따라 봉사자들을 선발해 철저하게 교육한 뒤 효율적으로 현장에 배치했다. 무척 바람직한 일이다. 초창기에는 죽어가는 사람을 심리적으로 위안하고, 슬픔을 달래주는 법만 배웠는데, 이는 결코 임종 동행의 좋은 토대가 아니다. 다른 한편으로 대형 호스피스연합회에는 대부분 전담 직원이 있다. 대개 완화 치료 인력과 사회복지사들인데, 이들은 일부 고도로 전문화된 완화 치료 상담 서비스를 제공한다. 이런 호스피스 서비스는 옛날에도 그랬지만 지금도 거의 기부로만 재정을 충당한다. 불필요한 입원을 막음으로써 독일 보건 시스템의 재정을 많이 아껴주고 있음에도 말이다. 따라서 많은 호스피스연합회가 현재 이동 완화 서비스팀의 운영 주체로서 보험공단으로부터 인정을 받으려고 시도하는 것은 충분히 이해가 된다. 만일 인정을 받으면 정기적인 재정 지원의 길이 열릴 것이다. 하지만 이것이 호스피스 운동의 뿌리를 이루는 봉사 정신에서 이탈하는 일인지, 아니면 단순히 변화된 조건에 적용하는 과정인지를 두고 호스피스 운동 내부에서도 찬반 논쟁이 격하게 진행되고 있다(10장 참조).

돌봄 피라미드

독일과 같은 나라를 온통 완화 치료 병동과 호스피스 시설로 깔아버리는 것은 결코 합리적 목표가 될 수 없음을 새삼 강조하고 싶다. **완화 치료는 의료 시스템의 상부 구조이지, 하부 구조에 속하지 않는다.** 완화 치료 병동과 호스피스는 동네 의사에서 출발해 순차적으로 점점 그 수가 줄어드는 환자 그룹들을 포괄하는 돌봄 피라미드(〈표 3〉 참조)에서 정점을 차지한다. 당뇨병 환자의 경우와 비교해도 이런 구조를 명확히 알 수 있다.

　동네 가정의는 일반 당뇨병 환자를 약으로 충분히 조절할 수 있다. 약으로 조절이 어렵다면 전문의에게 넘긴다. 전문의 역시 자신이 감당하기 어려운 복잡한 당뇨병 환자를 지역 종합병원으로 보낸다. 그중에서도 특히 처치 곤란한 환자는 대개(항상은 아니다) 특수 당뇨병 전문 병동이 있

〈표 3〉 독일에서 임종 단계 환자들을 위한 돌봄 피라미드

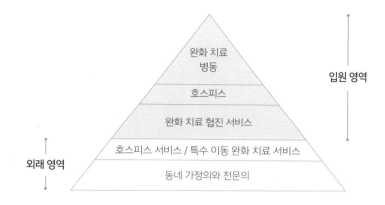

완화 치료
병동

호스피스

완화 치료 협진 서비스

호스피스 서비스 / 특수 이동 완화 치료 서비스

동네 가정의와 전문의

입원 영역

외래 영역

는 인근 대학병원으로 보내진다. 이런 시스템에서 꼭대기를 차지하는 대학병원의 치료 역할과 연구 기능을 부정하는 사람은 없을 것이다. 하지만 그렇다고 해서 작은 종합병원에도 고도로 전문화된 당뇨병 병동을 설치하라고 제안하는 것은 결코 이성적인 행동이 아니다. 완화 치료 병동과 관련해서 보건 당국에 바로 이것을 요구하는 활동가들이 있다.

그 밖에 무엇을 더 해야 할까?

임종 동행에서 동네 가정의와 전문의의 중심적인 역할은 충분히 이해되어야 하고, 그런 만큼 지속적인 재교육과 정당한 보상이 주어져야 한다. 생각해보라. 죽어가는 이들에 대한 돌봄 서비스에서 90퍼센트를

담당하는 사람은 이들이 아닌가! 따라서 특수 이동 완화 치료 서비스도 중요하지만, '일반 이동 완화 치료 서비스(AAPV)'의 정착도 결코 소홀히 해서는 안 된다. 그렇지 않을 경우 우리는 역설적인 상황에 처할 수 있다. 다시 말해서, 중병을 앓으면서 죽어가는 사람들은 좋은 완화 치료를 받지만(특수 이동 완화 치료 서비스를 받을 수 있다는 전제에서), '그리 심한 병을 앓지 않으면서' 죽어가는 대부분의 사람들은 충분한 임종 동행 교육을 받지 못하고 제대로 보상도 받지 못하는 동네 의사들에게 만족할 수밖에 없다. 이는 결코 우리가 의도한 바가 아니다.

의대생들의 교육

의료적 임종 동행의 지속적인 개선에 아마 가장 중요한 조건은 이제부터라도 의대생들에게 의사 능력의 일부로서 완화 치료를 가르치는 것일 듯하다. 얼마 전까지만 해도 현실은 그렇지 않았다. 2004년 독일에서는 뮌헨 대학이 처음으로 완화 의학을 필수 과목에 넣었고, 그 수업 시간에 간호사, 심리학자, 사회복지사, 성직자가 처음부터 함께 참여했다. 그 뒤로 소수의 다른 대학이 같은 뜻을 표명하면서 2009년에는 총 서른여섯 개 대학병원 중에 여섯 곳이 동참했다. 2009년에는 사전 연명 의료 의향서에 관한 법이 제정되면서 그 바람을 타고 완화 치료가 의대의 필수 과목이자 의사 면허 시험 과목에 들어가는 데 성공했다.

그 전에도 여러 번 시도는 있었지만 좌절되었던 일이다. 그러던 것이 2009년에 성공하게 된 데에는 몇몇 행복한 상황의 조합이 큰 역할을 했다.

나는 2009년 3월 4일 사전 연명 의료 의향서에 관한 입법을 위해 연방 의회 법사위원회에 해당 전문가로 초대되었다. 거기서 완화 의학의 확충이 매우 시급하다는 점을 강조하려고 의견서 페이지마다 하단에 다음과 같은 문구를 집어넣었다. "나는 완화 치료를 가르칠 수 있다고 생각합니다CETERUM CENSEO MEDICINAM PALLIATIVAM ESSE DOCENDAM."[13] 게다가 청문회 서두의 구두 진술에서는 다음 문구를 준비해놓았다. "존경하는 법사위 위원 여러분! 여러분은 몇 년 전부터 독일 의과대학생 90퍼센트가 완화 의학과 임종 동행에 대해 전혀 알지 못하는 상태에서도 법적으로 얼마든지 의사 면허를 취득할 수 있도록 허용하고 있습니다. 그로써 여러분은 그런 의사들에게 여러분 자신의 임종을 맡길 90퍼센트의 가능성을 기꺼이 감수하고 있는 셈입니다. 저는 그것을 자해 행위라 부르고 싶습니다." 나의 입에서 이 말이 나오자 의원들과 청중으로 발 디딜 틈조차 없던 커다란 청문회장에 정적이 흘렀다. 그리고 일주일 뒤 여당 원내 총무실에서 해당 법률에 대한 제안서를 부탁했다. 6월 19일 연방 의회에서 그 제안서를 두고 투표가 이루어질 거라고 하면서 말이다.

투표 전에 독일 내 모든 의과대학의 막강한 이익단체인 의과대학협의체가 이 법안을 저지하려고 나섰다. 이들이 낸 언론 성명서에는 아주 엄숙하게 이렇게 적혀 있었다. "완화 의학은 이미 의과대학 교과 과정에서 전공과 상관없이 모두가 배울 만큼 중요한 위치를 차지하고 있고, 졸업 시험의 일부이기도 하다. 따라서 그와 관련해서 또 다른 규정을 마련하는 것은 납득이 되지 않는다." 결국 '쓸데없는 부작용'을 들먹이며 법률 초안을 아예 폐기하자는 것이 그들의 속내였다.[14] 이런 뻔뻔스런 방어 논리는 몇 년 전부터 완화 의학을 교과 과정에 도입하자고 강력히 주장하던 의과대학생총연합회의 반발을 불러왔다. 언론 보도문에서 의대생들은 하원과 상원을 향해 이 법안을 하루빨리 통과시켜달라고 호소했고, 의과대학협의체의 방어 논리에 격하게 반기를 들었다. "소수의 몇몇 대학을 제외하면 완화 의학을 필수 과목으로 가르치지도 않고, 이는 의사 면허 시험 과목도 아니다. 이로써 미래의 의료인들은 죽어가는 사람을 다루는 문제에서 없는 것이나 다름없는 지극히 빈약한 교육을 감수하고 있다."[15] 이 법안은 6월 19일 하원에서 통과되었고, 2009년 7월 10일 상원에서 최종 승인되었다.

그럼에도 한 가지 아쉬운 점을 들자면, 이 법이 독일의 완화 치료 현장에서 완전하게 실현되려면 20년에서 25년은 더 있어야 한다는 것이다. 하지만 어쨌든 이로써 첫발은 뗐다.

현장에서 활동 중인 전문 인력에 대한 교육

완화 치료 현장에서 이미 의사와 간호사, 그 밖의 다른 전문 인력으로 일하는 사람들에게 지금껏 그들이 기초 교육 과정에서 받지 못했던 지식을 가르치는 연수 프로그램이 몇 년 전부터 차츰 생겨나고 있다. 그중에서도 '독일완화치료아카데미'가 주최하는 프로그램이 가장 많다. 이 분야에서는 쾰른의 밀드레드 쉘 암연구재단이 설립한 독일암지원센터가 선구자 역할을 했다. 그사이 독일 대부분의 주에서는 다양한 직업군의 관심 있는 대표자들에게 완화 의료인이나 완화 치료 간병인 특수 자격증을 취득할 기회를 제공하는 시설들이 생겨났다. 이 두 가지 자격증을 따려면 주 40시간씩 4주 과정을 이수해야 한다. 물론 이 과정을 마쳤다고 해서 바로 완화 의학과 간병 영역에서 전문가가 되는 건 아니지만, 완화 병동에서 간병인으로 일하거나 동네 의사로서 호스피스 환자를 돌보는 이들에게는 매우 유익한 토대가 될 수 있다.

전망

중병 환자와 죽어가는 사람들을 위한 합리적이고 수요에 맞는 돌봄 구조의 확충이 독일에선 얼마든지 가능해 보인다. 물론 그리로 가는 길은 아직 한참 멀었다. 게다가 보건 제도의 일이 늘 그렇듯 이 사안의 본질을 잘 모르는 이해관계인의 영향력에 휘둘릴 위험은 항상 존재한다. 그러나 어쨌든 첫걸음은 올바른 방향으로 놓였다.[16]

4

임종 단계에서는
인간에게 무엇이 필요할까?

이 모든 상실에 대해 우리 삶에 적당한 자리를 부여하고,
그렇게 생겨난 구멍을 우리 정체성의 일부로 받아들이고,
또 그에 대한 기억을 안고 계속 살아가는 법을 익히는 것은
개인의 성장과 인간적 성숙의 중요한 부분이다.

세계보건기구(WHO)가 내린 완화 치료의 정의는 다음과 같다.

"완화 치료는 생명을 위협하는 질환에 직면한 환자와 가족의 삶의 질을 개선하는 데 이용된다. 이는 조기 식별, 고도의 전문적 판단, 통증 치료, 그 밖의 다른 육체적·심리사회적·정신적 문제들까지 돌봐주는 것과 같은 고통의 예방과 진정을 통해 가능하다."[17]

어떤 의학 분야의 개념 규정에서 육체적·심리사회적·정신적 문제가 동일 선상에서 언급된 것은 의학 역사상 처음 있는 일이다. 따라서 이다음에는 의학적 치료, 심리사회적인 돌봄, 정신적 동행의 문제를 다루어볼 생각이다. 하지만 그 전에 소통에 대한 문제가 먼저 나온다.

소통은 모든 환자와의 동행에 필수 불가결한 전제 조건이기 때문이다.

A. 소통

소통은 임종 단계뿐 아니라 의사-환자의 모든 관계에서 알파요, 오메가다. 의사소통학자 파울 바츨라비크의 유명한 모토에 따르면, 인간은 소통할 방법이 없지 **않는데도** 무척 나쁜 식으로 소통한다고 한다. 유감스럽게도 의사들이 이를 심심찮게 증명하고 있다. 다음에는 임종 단계에서 소통의 다양한 유형에 대해 몇몇 기본적인 사실을 알아보고, 개선 방법을 제시해보겠다(7장 참조).

경험론적 관찰

지난 몇십 년 동안 의학 교육은 점점 복잡해지는 보건학의 '과학 기술적인' 측면에 초점을 맞추어왔다. 그에 대한 건강한 반작용으로 나타난 것이 임상 실습 교육의 강화이다. 그러니까 의대 교육을 중고등 과정으로 돌린다는 비판을 받더라도 이 실습 교육을 새로운 의사 면허 규정에 포함시킨 것이다. 이로써 소통 능력 촉진을 위한 강의가 개설되면서 의대생들에게 의사와 환자 간 대화의 기술을 가르치는 것이 가능해졌다. 의료 현장에서는 정말 필요한 일이다.

많은 의료인이 직업적 측면에서 소통 결핍의 약점을 갖고 있다. 적극적인 경청자로서 능력이 있는 사람은 소수에 지나지 않는다. 소통능력이 부족하다는 것은 의사가 환자의 욕구를 인지하는 데 곧장 부정적인 작용을 한다. 본인이나 가족이 웬만한 병이 있어 의사 진료를 받으러 간 사람치고 그런 경험을 안 해본 사람은 거의 없다. 어떤 여성 환자는 옷을 벗고 침대에 누워 꼬박 한 시간이나 담당 의사를 기다렸지만 정작 뒤늦게 찾아온 의사는 '쥐꼬리만큼 짧게' 몇 마디 툭 던지고 가버렸다. 이런 경험을 한 환자는 《독일의사협회보Deutsches Ärzteblatt》에 "환자로서 누려야 할 최소한의 품위"[18]를 지켜줄 것을 공개적으로 요구하기도 했다.

의사와 환자의 소통의 질에 관한 과학적 연구들을 보면 대화 후 의사와 환자가 어떤 점에서 만족하고 어떤 점에서 불만스러워하는지에 대한 원인이 흥미롭게 드러난다. 의사들은 법적인 설명 의무의 압박감 때문에라도 자신이 환자에게 필요한 정보를 모두 털어놓았다는 느낌이 들면 대체로 만족한다. 그래서 복잡한 의학 내용을 상세히 설명한다. 하지만 환자들로선 대부분 이해할 수 없는 말들이다. 게다가 대화의 몫을 따져도 의사의 말은 80퍼센트가 넘는다. 환자가 묻는 일이 거의 없는 것도 의사로선 만족스럽다. 환자들이 쉽게 물어보지 못하는 데에는 무엇보다 두 가지 이유가 있다. 첫째, 의사들은 자신이 질문을 원하지 않는다는 것을 몸의 언어로 말한다. 둘째, 환자들이 구체적으로 물을 수 있으려면 최소한 어느 정도는 의사의 말을 알아들어야 하는데 대개는 그렇지 못하다.

대부분의 의사는 이것을 모른다. 그래서 환자들이 의사와의 대화에 결코 만족하지 못한다는 이야기를 들으면 다들 의아해한다. 환자의 만족도는 대화에서 차지하는 자신의 몫과 직접 관련이 있다. 그러니까 의사보다 자신이 더 많은 말을 할 수 있으면 좋다고 생각한다. 의사-환자 대화의 질적 만족도는 환자의 관점에 얼마나 맞추어져 있느냐에 달려 있다. 그러기 위해 의사는 명확하고 쉬운 말로 설명해야 하고, 환자에게 의사의 말을 이해할 시간을 주어야 하며, 질문할 기회를 충분히 보장해야 한다. 또 환자의 말을 들어줄 자세가 되어 있어야 하고, 무엇보다 공감 능력을 갖고 있어야 한다. 그렇다면 의대생들에게 어떻게 공감을 가르칠 수 있을까?

의대 수업이 바뀌어야 한다

2008년 뮌헨 대학에서는 '죽음을 마주하는 삶'이라는 과목을 의과대학의 전공 선택 과목에 포함시켰다. 완화 의학에 관심이 많고, 삶의 유한성에 대한 관심과 성찰이 앞으로의 의사 활동에 갖는 의미를 집중적으로 파고들고 싶은 학생들을 위한 과목이다. 강의의 핵심은 완화 치료 환자들과의 만남이다. 그중에는 완화 병동에 있는 성인 환자뿐 아니라 어린이 환자도 있다. 또 기회가 되면 최소한 한 번은 가정에서 완화 치료를 받는 환자들을 직접 방문하기도 한다. 이런 만남에는 경험 많은 교육 조교가 동행한다. 이때 학생들의 과제는 결코 환자들에 대한 정보를 수집하거나 연구 기술을 연마하는 것이 아니라, 죽음을 눈앞에 두고 살아가는 사람과 가족들을 보면서 느낀 것들을 가슴에 깊이 새기는 것이다. 이런 개인적 경험은 영성과 삶의 의미, 심리사회적 동행을 중점으로 다루는 공통 세미나에서 심화된다. 강의 참여 인원은 열두 명으로 제한된다. 그래야 참여 학생들을 최대한 개별적으로 돌보는 것이 가능하다.

이 강의는 학생들에게 매우 호의적인 평가를 받았다. 무엇보다 의사라는 미래 자아상과 관련해서 말이다. 학기가 끝난 후 한 학생은 "'죽음을 마주하는 삶'이라는 과목이 의심할 바 없이 저의 대학 수업에서 가장 의미 있는 경험"이었다고 우리에게 편지를 보내기도 했다. 게다가 강의 프로그램에 참가한 환자와 가족들도 긍정적인 반응을 보였다. 그 프로그램이 자신들에게도 도움이 되었다는 것이다. 아울러 이런 경험을 바탕으로 젊은 의대생들이 훗날 훌륭한 의사가 되길 바라고, 미래의 환자들에게도 긍정적으로 작용하길 희망한다고 말했다.

설명을 통한 배려

임종을 주제로 토론하다 보면 '의사의 배려'라는 말이 많이 나온다. 그런데 일부에서는 의사의 배려를 보호자에 준하는 권리(후견인, 9장 참조)와 혼동하는데, 이는 결코 바람직하지 않다. 배려의 핵심은 환자 대신 결정을 내려주는 것이 아니라 **환자 스스로 자신의 현 상황에 가장 적절한 결정을 내릴 수 있도록** 돕는 데 있다. 그런데 이런 결정을 사람들이 일반적으로 '합리적'이라고 여기는 결정에만 국한할 필요는 없다. 왜냐하면 여기서 중요한 것은 인간의 자기 결정권에 대한 존중이기 때문이다. 원칙적으로 자기 결정권은 밖에서 볼 때는 단점이 많거나 심지어 스스로에게 해가 되는 것으로 느껴지는 결정에 대한 권리도 포함한다. 게다가 '단점이 많은' 결정으로 여겨지는 외부의 평가는 결국 타인의 생각일 뿐이고, 따라서 처음부터 의문시될 수밖에 없다.

그렇다면 결정을 내리는 과정에서 의사의 과제는 정확히 무엇이고, 그때 배려의 중요한 원칙은 어떤 식으로 작동해야 할까? 내 경험상, 현장에서 환자를 배려하는 가장 중요한 방법은 의사의 자상한 설명에 있다. 현장에서 환자의 자기 결정권과 의사의 배려 사이에는 긴장 관계가 존재한다. 한쪽 끝에는 모든 필요한 정보를 듣고 모든 결정을 혼자 자율적으로 내리고 싶어 하는 환자들이 있다. 드물지만 분명 그런 사람은 존재한다. 그 반대편에는 스스로 결정을 내리고 싶은 마음이 전혀 없고, 진단 내용도 들으려 하지 않고, 대신 의사에게 전폭적인 신뢰를 보내며 의사의 말만 무조건 믿고 따르겠다는 환자들이 있다. 이들도 드물지만 분명 존재한다. 하지만 대부분의 환자는 이 두 극단 사이의 회색 지대에 있다. 자기 결정권과 의사의 배려에 대한 개인적인 요구 수준이 서로 다른 회색 지대다. 의사로서 까다로운 과제는 모든 환자에게 자기 결정권과 배려를 혼합해서 제시하는 것이다. 환자에게는 꼭 필요한 일이다. 그런데 이런 '혼합적 상황'은 시간이 지나면서, 예를 들어 중병의 진행 과정에서 바뀔 수 있기 때문에 특히 어렵다. 이 말은 곧 환자의 상황이 어떤지 항상 새롭게 파악해야 한다는 것을 의미한다. 이에 대해서는 덴마크 철학자 쇠렌 키르케고르가 아주 적확하게 표현했다.

"누군가를 도울 뜻이 있다면 먼저 그 사람의 상황부터 알아야 한다. 그게 배려의 핵심이다. 그것도 모르면서 남을 도울 수 있다고 생각하는 것은 환상에 지나지 않는다. 누군가를 돕는다는 것은 우리가 그 사람보다 더 많은 것을 이해하고 있다는 뜻도 내포한다. 하지만 그 전에 그 사람이 이해하고 있는 것부터 먼저 이해해야 한다."[19]

사실 이는 의료 활동의 전 과정에서 토대를 이룬다. 정보, 즉 의사의 설명이 환자의 결정에 미치는 영향은 결코 과소평가될 수 없다. 그에 대한 인상적인 예가 1994년 《뉴잉글랜드 의학 저널New England Journal of Medicine》 학술란에 실렸다.[20] 머피 박사는 300여 명의 나이 든 환자들에게 만일 심정지가 찾아오면 심폐 소생술을 받겠느냐고 물었다. 41퍼센트가 그렇다고 대답했다. 그 뒤 환자들에게 소생술을 시행했을 때 통계적으로 살아날 확률이 얼마나 되고, 또 그 과정에서 중증 장애를 안을 가능성은 얼마나 되는지 설명해주었다. 그러자 심폐 소생술을 받겠다는 사람은 41퍼센트에서 22퍼센트로 확 줄었다. 심지어 기대 수명이 1년 이하인 질병을 앓고 있다고 가정했을 때는 5퍼센트로 급감했다. 그것은 곧 의사가 어떤 정보를 제공하느냐에 따라 환자의 결정이 크게 영향을 받는다는 것을 의미한다. 의사들은 항상 그 점을 염두에 두어야 한다.

다직종 간의 소통

다양한 직종 간의 협력은 완화 치료의 기본 요소다. 여러 직종의 사람들로 한 팀을 구성하는 것은 시실리 손더스에게는 너무나도 자명한 일이었다. 2005년 세상을 떠난 그녀는 완화 치료 의학의 창시자로서 20세기의 매우 중요한 여성 중 한 명이다. 내가 보기에는 평생 환자라고는 돌본 적이 없는 많은 분자생물학자들에 비하면 노벨의학상을 받고도 남을 인물이다. 손더스는 전문 교육을 받은 간호사이자, 사회복지사이자, 의사였다. 그렇다면 한 인물 속에 임종 동행에 무척 중요한 세 가지 직업이 하나로 통합되어 있었다. 그래서인지 그녀도 영국식 유머로 자신을 "다多직종 팀을 한 몸에 이룬 여자"라고 불렀다. 그에 상응하듯 1967년 그녀가 세계 최초로 런던에 세운 성 크리스토퍼 호스피스에서는 처음부터 환자를 돌보는 일에 다직종 간의 협력 시스템을 적용했다. 다양한 직업군의 사람들이 동등한 자격으로 만나 협의를 시작한 것이다. 당시 의료계로서는 꿈도 꾸지 못할 일이었다.

그런데 이런 식의 협력 작업에는 장점만 있는 것이 아니다. '완화 의학'의 개념을 처음으로 주창한 캐나다 의사 밸푸어 마운트는 이렇게 말하곤 했다. "당신들은 팀으로 일한다고요? 그럼 당신들의 흉터를 보여줘 봐요." 다직종 간의 소통은 연습이 필요할 뿐 아니라 뿌리 깊은 경계 짓기의 문화와도 싸워야 한다. 대학병원처럼 위계질서적인 소통 분위기가 아직 많이 남아 있는 조직에서 완화 의료를 시행할 때 특히 어려움이 크다. 게다가 직종마다 문화와 언어가 다르기에 그것들에서 공통분모를 찾으려면 각고의 인내와 노력이 필요하다.

완화 병동에서는 의사와 간병인만 '회진'을 도는 것이 아니라 사회복지사, 심리학자, 심지어 성직자도 회진을 돈다는 사실은 여전히 병원의 나머지 사람들에게 눈살을 찌푸리게 한다. 하지만 이제는 병원들도 서서히 이러한 새로운 시스템의 장점을 깨달은 듯하다. 그중에서도 특히 중요한 장점은 정보 전달의 일방적 흐름이 개선되고, 환자와 가족이 좀 더 보호받는 느낌을 갖게 된다는 것이다. 환자들은 자신의 건강 상태가 육체적, 심리사회적, 심지어 영적인 측면까지 관찰될 경우, 그것도 각각의 측면이 분리되지 않고 통합적으로 관찰된다면 자신이 전체 인격으로 대우받고 있다는 느낌을 갖게 된다. 게다가 회진을 도는 사람들이 원칙적으로 병상 둘레에 앉아 그야말로 환자의 '눈높이에 맞춰' 소통하는 것도 환자들에게는 무척 도움이 된다. 이것은 병원의 다른 전문 과목들에도 좋은 모델이 될 듯하다.

한정된 의식 상태에 있는 환자들과의 소통

표면적으로 우리는 말을 통한 소통에 무척 큰 가치를 부여하는 세계에 살고 있다. 그와 함께 우리는 신문, 라디오, 텔레비전, 인터넷, 다른 대중 매체들의 집중 폭격을 받고 있다. 그런데 다른 한편으로 소통 연구자들은 난처하거나 힘든 상황에서는 말이 아닌 몸 언어를 통한 감정적 소통이 훨씬 중요하고 더 오래 기억된다고 말한다.

이것은 의료 현장의 경험과도 일치한다. 환자와 가족들은 중병에 대해 설명을 듣는 자리에서 실제로 오갔던 내용은 상대적으로 빨리 잊어버린다. 사실 그런 정보를 기억하는 것은 가장 기본적인 일인데도 말이다. 그 때문에 다음 내진 때 의사는 그 말을 반복하거나, 환자가 재차 묻기도 한다. 반면에 의사가 대화 과정에서 공감의 인상을 주었는지 쌀쌀맞게 굴었는지, 아니면 기꺼이 시간을 내주고 있는지 끊임없이 '서두르고' 있는지, 혹은 환자의 말을 경청하는지 건성으로 듣는지, 이런 것에 대한 느낌은 몇십 년이 지나도 기억하는 경우가 많다.

이런 상황을 아는 것은 특히 치매와 의식 불명처럼 의식 상태가 맑지 않은 환자에게서 비언어적 소통의 의미를 올바로 평가하는 데 무척 중요하다. 단도직입적으로 말해서 그 의미는 결코 과소평가될 수 없다. 치매 환자에 대한 연구에 따르면 기억과 언어 같은 고도의 뇌 기능은 심하게 손상되었지만, 그에 비해 감정 표현과 비언어적 소통 능력은 여전히 어느 정도 상승하고 있음이 이미 오래전부터 확인되었다. 빈의 노인병 전문 완화 의학자 마리나 코예르 박사는 이런 환자들을 "감성의 세계 챔피언"이라 불렀다. 이런 토대 위에서 치매 환자를 위한 특수 치료 기법과 간병 기법, 그리고 사회복지사 나오미 페일이 주창한 '인정 요법*'이 생겨났다.[21]

---

* 없는 현실을 있는 것처럼 보이게 해서 치매 환자를 진정시키는 '가장假裝 요법' 대신, 아무리 비이성적으로 보여도 환자가 느끼는 감정을 그대로 인정함으로써 환자에게 정당성을 부여하는 요법이다. 환자에게 이성적 능력은 떨어졌어도 감정은 계속 남아 있다는 가정에서 출발한다.

환자가 더 이상 말로 표현할 수 없으면 소통이 불가능하다는 것은 근본적으로 잘못된 생각이다. 소통은 다른 식으로 이루어질 뿐이다. 그것도 언어적 소통에 비해 결코 강도가 떨어지지 않는다. 따라서 의사와 간호사는 항상 환자가 마치 자신들의 말을 모두 알아듣고 있는 것처럼 행동해야 한다. 게다가 간호하는 사람들의 입장에서는 사실 환자에게 거짓말을 하는 것보다 그것이 한결 더 쉽다.

비언어적 소통과 관련해서 병원 성직자들의 역할은 탁월하다. 특히 적극적인 성직자들은 아무리 의식 상태가 한정된 환자라도 자신이 맡은 일을 하는 데 전혀 거리낌이 없다. 그들은 환자의 병상에 앉아 조심스레 환자의 몸을 만지며 접촉을 시도하고, 환자의 처지를 이해하고 공감하려 한다.[22] 담당 의사들이 "그래 봤자 소용없을 거"라는 환자들까지 포함해서 말이다. 성직자들의 이런 자세는 임종 단계에서 어떤 치료를 결정해야 할지 몰라 난감해하는 상황에서도 큰 도움이 된다. 대개 아주 짧은 시간밖에 알지 못한 환자들이지만 그들이 갖고 있는 삶의 의지에 대한 성직자들의 판단은 몇십 년 같이 산 가족의 생각과 놀랄 정도로 일치할 때가 많다. 이런 일치는 치료팀에 큰 안정감을 안겨준다. 어떤 식의 치료 결정이 내려지든 그게 환자가 바라는 것이라는 확신을 가질 수 있기 때문이다.

가족 간의 소통

스코틀랜드의 완화 치료 전문가 데릭 도일은 경탄스러운 책인《플랫폼 티켓The Platform Ticket》[23]에서 본보기가 될 만한 사례를 소개한다.

> 가정의가 수십 년 건강을 돌봐온 한 늙은 환자의 집을 방문한다. 얼굴에 수심이 가득한 환자의 아내가 문을 열어준다. 그런데 그녀는 가정의가 인사를 건네기도 전에 간절한 표정으로 목소리를 낮추더니, 남편에게는 지금의 건강 상태가 얼마나 나쁜지 절대 말해주지 말라고 당부한다. 본인은 남편의 상태에 대해 이미 종합병원 전문의들한테 들어서 알고 있는 상황이었다. "그이가 얼마 살지 못할 거라는 것도 알아요. 하지만 남편은 그 사실을 모르고 있어요. 내가 의사 선생님들한테 남편은 모르게 해달라고 신신당부를 했거든요. 남편은 희망을 잃어선 안 돼요." 가정의는 아무 말도 않고 환자가 누워 있는 2층으로 올라간다. 아내도 얼른 눈물을 훔치고 따라 올라가더니 짐짓 쾌활하고 사랑스럽게 군다. "의사 선생님이 그랬어요. 당신은 곧 일어날 수 있을 거라고요. 분명 그럴 거예요. 안 그래요?" 침대에 누워 있던 늙은 남편은 고개를 끄덕이며 살며시 웃는다. 그때 초인종이 울린다. 아내는 방을 나가면서 의사에게 엄한 눈길을 보낸다. 그런데 아내가 방을 비우자마자 남편은 절박한 표정으로 목소리를 낮추어 의사에게 말한다. "의사 양반, 우리가 알고 지낸 지도 벌써 수십 년이 됐소. 그 세월

을 봐서라도 내 마지막 소원 하나 들어주시구려. 아내한테는 내 상태가 어떤지 말하지 말아요. 난 내가 곧 죽을 거라는 걸 알아요. 하지만 아내는 그걸 견디지 못할 거요. 아내의 마지막 희망을 뺏고 싶지 않아요." 그러자 의사가 말한다. 자신이 이 집에 들어올 때 아내가 자신을 보자마자 한 말도 바로 그 말이었다고. 늙은 남편은 울기 시작한다. 방에 돌아온 아내가 그 모습을 보더니 의사에게 버럭 고함을 지른다. "그런 부탁 하나 들어주지 못해요? 정말 인정이라고는 눈곱만큼도 없는 사람이군요!" 그때 남편이 끼어들어 방금 무슨 일이 있었는지 사실대로 이야기한다. 두 사람은 부둥켜 안고 울기 시작하고, 의사는 지금이 조용히 이 집을 나서기 좋은 순간이라고 생각한다. 〞

오늘날처럼 '자율성'이니 '성숙한 환자'니 '참여적 결정'이니 하는 개념이 중시되는 시대에는 이런 상황을 케케묵은 과거의 일이라고 생각하는 사람도 있을 것이다. 오산이다. 요즘도 배우자를 보호한다는 명목으로 서로에게 거짓말을 하는 일은 임종 동행 과정에서 흔하게 관찰된다. 동기는 물론 이타적이다. 하지만 그를 통해 자기도 모르게 상대를 자기 결정권이 없는 아이로 만들기도 한다. "나는 남편이 아무것도 모르는 게 더 낫다고 생각해요. 그래서 거짓말을 해서라도 비밀을 지키고 싶어요." 그러나 서로 이런 침묵이 깨질 때 진정한 소통이 이루어진다.

바람직한 소통의 가장 큰 걸림돌은 죄책감에 이어서 오는 불안이다. 따라서 임종 단계에서 가족 내의 소통이 어려워지는 것은 결코 이상한 일이 아니다. 그런 만큼 죽어가는 사람을 돌보는 의료 시스템의 구성원들이 스트레스로 인한 제한된 현실 인지력 때문에 당사자들이 깨닫지 못하는 근본적인 부분을 감지하기 위해선 가족의 소통 구조를 세심히 들여다보는 것이 더욱 중요하다.

B. 의학적 치료

임종 단계의 완화 서비스에서는 좁은 의미의 의학적 치료만으로는 결코 충분하지 않지만, 그렇다고 그것을 포기할 수는 없다. 만일 환자가 육체적 증상으로 괴로워한다면 심리사회적 서비스나 영적 서비스를 받아들이는 것 자체가 불가능하기 때문이다. 그런데 통념과는 달리 여기서 육체적 증상의 핵심은 통증이 아니다. 통증은 임종 단계에서 나타나는 물리적 증상의 약 3분의 1에 지나지 않는다. 나머지 3분의 2는 대략 내과적 증상(호흡 곤란, 속 울렁거림, 구토 등)과 신경정신과적 증상(정신 착란, 망상, 우울증 등)으로 골고루 분포되어 있다. 다음에는 몇 가지 사례를 근거로 그사이 현대 완화 의학에서 약리학적 증상 관리와 비약리학적 증상 관리의 기술이 환자들이 불치의 증상으로 고통스럽게 죽

어가는 두려움을 더 이상 갖지 않아도 될 정도로 발전했다는 사실을
설명해보겠다.

통증

완화 의학에서 가장 유명한 것은 아마 통증 치료일 것이다. 그래서 완
화 치료를 '죽어가는 사람의 통증을 치료해주는 것'으로 오해하는 경
우도 많다. 물론 임종 단계에서 육체적 통증은 자주 나타난다. 종양 질
환자의 약 70퍼센트가 즉각적인 치료가 필요한 통증을 갖고 있다. 그
중 대부분은 한 가지 이상의 통증을 호소한다. 경우에 따라서는 네 가
지, 다섯 가지 또는 그보다 많은 통증으로 시름하는 환자들도 있다. 이
때 의료인들은 각각의 통증이 서로 다른 약물에 반응한다는 사실에 주
목해야 한다. 예를 들어 모르핀은 종양 덩어리가 복부를 눌러 생기는
통증에는 탁월한 효과를 발휘하지만, 등 근육의 통증에는 별 효과가
없다. 이때는 오히려 환자의 스트레칭이 훨씬 도움이 된다.

일부 의사들은 중병 환자에게 모르핀이나 마약성 진통제를 투약하
면 중독 현상이 생기거나 사망을 앞당길 수 있다고 우려한다. 하지만
이는 이미 오래전에 과학적으로 근거 없는 것으로 부정되었고, 그래서
오늘날에는 환자들에게 그런 효과적인 약물을 쓰지 않을 이유가 없다.
세계보건기구가 개발한 통증 치료를 위한 3단계 접근법을 그사이 모

〈표 4〉 세계보건기구의 3단계 통증 치료 접근법

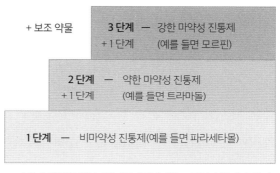

+ 보조 약물

3 단계 ― 강한 마약성 진통제
+1 단계   (예를 들면 모르핀)

2 단계 ― 약한 마약성 진통제
+1 단계   (예를 들면 트라마돌)

1 단계 ― 비마약성 진통제(예를 들면 파라세타몰)

* 1단계 약물은 항상 2단계와 3단계에서도 같이 사용해야 한다.

든 대학에서 가르치고 있다(〈표 4〉 참조). 하지만 개별 현장에선 3단계부터 바로 시작하는 것이 훨씬 합리적일 때도 있다. 효과적인 약물을 찾는답시고 극심한 고통에 시달리는 환자에게 1, 2단계를 의무적으로 거치게 하는 것은 피할 수 있는 고통을 가중하는 것이기 때문이다.

중병 환자와 죽어가는 사람에게 '돌발성 통증'이 나타나는 경우도 드물지 않다. 다시 말해 별 징후도, 뚜렷한 원인도 없는데 갑자기 극심한 진통이 찾아와 환자들을 괴롭히는 일이 더러 있다. 이러한 이유에서 모든 환자에게 규칙적으로 복용하는 기본 약품 외에 추가로 효과가 무척 빠른 응급약을 처방하는 것은 필수이다. 예를 들어 모르핀의 경우는 하루 복용량의 6분의 1이다. 환자는 이 응급약을 항상 지니고 있다가 필요할 때 바로 복용해야 한다.

통증 치료의 영역에서 그 자체로는 진통제가 아니지만 특정 상황에서 진통제의 효과를 돕거나 강화할 수 있는 물질을 우리는 보조 약물이라 부른다. 거기에 속하는 약물은 주로 스테로이드(코르티손), 항경련제(녀전증 치료제), 항우울제이다. 신경통 같은 특정 통증에서는 이런 약물을 특히 포기할 수 없다. 신경 구조의 직접적인 손상으로 생기는 신경통은 치료하기가 쉽지 않다. 특히 심한 경우에는 효과가 좋은 특수 약물(예를 들어 엘-폴라미돈, 케타민)을 사용해야 한다. 다만 이런 약물은 일반적으로 완화 치료 전문 의사나 특수 교육을 받은 통증 치료사가 처방해야 한다.

현대적 통증 요법은 통증을 일으키는 생물학적-육체적 요소뿐 아니라 심리사회적 요소들까지 종합적으로 고려하는 생물심리사회적 통증 모델에서 출발한다. 따라서 통증 요법은 약리학적 가능성 외에 비약물적 통증 퇴치의 많은 가능성을 확보하고 있다. 예를 들면 뇌로 통증 전달을 줄이는 것이 목표인 경피적 전기 신경 자극 요법(TENS)이나 특수한 심리적 통증 퇴치술이 있다.

중증일 경우에는 특수 기관에서만 실시하는 공격적인 통증 요법을 사용할 수 있다. 예컨대 특수관을 이식해서 뇌척수액 속으로 직접 진통제를 투여한다든지, 아니면 통증 전달을 막기 위해 말초 신경계의 특정

개폐 시스템을 '정지시키는' 수술 요법(신경절 차단) 같은 것들이다.

오늘날에는 이런 모든 수단의 조합을 통해 거의 모든 환자에게 만족스런 통증 완화 서비스를 제공할 수 있다. 물론 이런 방법으로도 통증이 완전히 없어지지는 않겠지만, 어쨌든 환자들이 그것을 견딜 만한 것으로 느끼고 그로써 삶의 질이 더 나빠지지 않을 만큼의 통증 완화 효과는 충분히 거둘 수 있다.

호흡 곤란

호흡 곤란은 아마 의학에서 가장 과소평가되는 증상일 듯하다. 임종 단계에서 고통스런 증상에 관한 이야기가 나오면 자동으로 통증이 먼저 떠오른다. 그런데 통증과 호흡 곤란을 동시에 겪는 환자들은 하나같이 호흡 곤란이 훨씬 더 견디기 힘들다고 말한다. 왜 그럴까?

호흡 곤란의 주관적 의미를 이해하려면 호흡의 심리적 특수성을 살펴보는 것이 도움이 된다. 호흡은 우리 몸의 생명 유지에 가장 중요한 과정으로서 임의로 조종이 가능하면서도 프로그램에 따라 자동으로 진행되는 유일한 과정이다. 이로써 호흡은 의식적이고 무의식적으로 진행되는 신체 기능들의 교차점이다. 게다가 우리는 아주 오랜 옛날부터 호흡에 실존의 형이상학적 측면이나 정신의 개념이 연결되어 있다고 믿어왔다. 그건 '혼魂'이라는 뜻의 라틴어 '스피리투스spiritus'에

'정신'과 '호흡'이라는 뜻이 동시에 담겨 있는 데서도 알 수 있다. 이런 배경을 알고 나면 호흡 곤란이 인간 실존의 가장 심각한 공포를 유발하는 증상임이 이상하게 느껴지지 않을 듯하다.

이러한 공포는 완화 의학에서 "호흡 곤란의 악순환"이라고 부르는 메커니즘을 통해 한층 더 심해진다. 이 메커니즘의 원리는 간단하다. 호흡 곤란은 공포를 낳고, 공포는 다시 호흡 곤란을 가중하고, 그로 인해 다시 공포가 커지는 식이다. 이 악순환은 종종 단시간에 환자뿐 아니라 주변 모든 사람을 녹초로 만드는 심각한 공황 상태를 불러올 수 있다. 다만 좋은 소식이 있다. 호흡 곤란은 효과적으로 다스릴 수 있고, 악순환도 효율적으로 끊을 수 있다. 만일 목표 지향적으로 신속하게 치료를 한다면 말이다. 이때 악순환은 양쪽에서 공격해야 한다. 다시 말해서 호흡 곤란뿐 아니라 공포도 함께 치료해야 한다.

전체 완화 의학에서도 그렇지만 호흡 곤란에서도 비약리학적 치료 방법은 중요한 역할을 한다. 우선 환자가 정상적인 호흡 리듬을 유지하려면 가족과 전문 간병인들의 차분한 태도가 중요하다. 환자를 편하게 눕히거나 앉히고, 환자의 얼굴에 신선한 바람을 쐬게 하는 것도 도움이 된다. 호흡 요법, 그러니까 자연스런 호흡 리듬의 복원을 목표로 삼는 특별한 요법은 많은 환자들에게 무척 효과적인 것으로 확인되었다.

호흡 곤란에 가장 효과적인 약은 모르핀이다. 그런데 호흡 곤란에 모르핀을 사용하는 위험성은 의학의 다른 몇몇 신화들처럼 이미 오래전에 부정되었음에도 끈질기게 사라지지 않고 있다. 오늘날에도 호흡 곤란 환자에게 모르핀을 투여하는 것은 모르핀의 호흡 둔화 작용 때문에 대부분의 의학 교과서에서 거부되고 있다.

공포 증상은 벤조디아제핀(예를 들어 로라제팜) 계열의 물질로 만든 항불안제로 탁월하게 다스릴 수 있다. 그러나 안타깝게도 벤조디아제핀 역시 안전성이 이미 오래전에 입증되었음에도 호흡 곤란 환자들에게 투여하지 말아야 할 '블랙리스트'에 올라 있다. 그건 곧 많은 환자들이 앞으로도 계속 호흡 곤란으로 고통을 겪어야 한다는 것을 의미한다. 효과적이고 안전한 약이 있음에도 잘못된 우려 탓에 의사들이 약을 투여하지 않기 때문이다. 이것이 얼마나 끔찍한 결과를 낳는지는 7장에서 살펴보겠다.

호흡 곤란과 관련해서 마지막으로 언급할 것은 죽음 직전의 호흡 곤란 증세, 즉 목에서 가래 끓는 소리가 나는 일명 '죽음의 딸랑이 death rattle' 현상이다. 이 증상은 환자의 목구멍에 약간의 분비물이나 타액이 고여서 발생한다. 죽음 직전에는 근육이 이완되어 재채기로 목에 걸린 것을 힘차게 뱉어낼 수 없기 때문이다. 그렇게 해서 생긴 소음은 가끔 매우 커서 가족들이 불안해할 수도 있다. 하지만 이것은 일반적으로 호흡 곤란의 표현도, 고통의 표출도 **아니다**. 그것이 중요하다. 의사는 소음의 강도를 약물로 줄일 수는 있지만 인위적으로 없앨 필요는 없다. 어쨌든 중요한 건 가족들에게 제대로 설명하는 것이다. 불필요한 공포를 갖게 하지 않으려면 말이다.

신경정신병적 증상

신경정신병적 증상은 임종 단계에서 발생하는 모든 의학적 문제에서 최소한 3분의 1을 차지한다. 예를 들어 완화 치료를 받는 환자는 80퍼센트에 이르기까지 정신 착란을 겪고, 이 상태는 섬망 증세로 나아갈 수 있다. 섬망 상태에 이른 환자들은 거칠게 몸부림을 치면서 난동을 부리고, 가족과 간병팀을 녹초로 만든다. 이 상태의 징후는 대개 며칠 전에 나타난다. 가장 빈번하게 나타나는 징후는 밤중에 잠깐 정신 착란 증세를 보이다가 낮이 되면 다시 잠잠해지는 것이다. 담당 의사들은 이런 모습을 경보로 받아들인다. 왜냐하면 이 단계에서는 항정신병제(예를 들어 할로페리돌)를 조금만 투여해도 증상의 진전을 막을 수 있기 때문이다. 섬망 증세가 뚜렷해지면 치료는 당연히 어려워질 수밖에 없다. 하지만 섬망의 원인을 찾을 수 없거나 제거하지 못할 때에도 항정신병제와 다른 약물을 통한 증상 완화는 얼마든지 가능하다.

임종 단계에서 나타나는 신경정신병적 증상은 무척 다양하다. 왜냐하면 신경계의 모든 영역은 각각 그 뿌리가 되는 질환들에 직접적으로 영향을 받기 때문이다. 특히 임종 단계에 있는 암 환자에게서는 신경 증상이 점점 더 자주 관찰된다. 이는 성공적으로 실시된 새로운 화학 요법의 부산물이다. 다시 말해 대장암이나 자궁암 같은 특정 암의 경우 화학 요법으로 수명이 뚜렷이 길어지면서 그 여파로 뇌와 척수로 암세포가 전이된 환자들이 점점 증가하고 있는 것이다. 이런 식으로 전이가 진행되면 치료하기가 어렵고, 가끔은 치료가 아예 불가능할 수도 있다. 따라서 전이는 대체로 죽음의 원인으로 작용한다. 그런데 전이로 바로 사망하지 않더라도 뇌 전이는 그와 연결된 신경계적 고장 때문에 삶의 질에 심각한 타격을 입힐 수 있다. 그런 경우 충분한 증상 완화에 도달하기 위해서는 때때로 모든 최첨단 의학 기술이 투입되기도 한다. 다음 사례처럼 말이다.

> 35세 여성 환자가 무척 나쁜 상태로 우리 병동에 들어왔다. 여러 화학 요법을 써봤지만 자궁 속의 종양은 반응하지 않았고, 그사이 암세포는 복부 전체로 퍼졌다. 또한 장 활동은 멈춘 상태나 다름없었고, 종양 덩어리가 내장을 누르는 통증은 견디기 어려운 상태였다. 게다가 밑에서부터 횡격막과 폐를 향해 계속 이어지는 압력은 줄곧 호흡 곤란을 일으켰다.
>
> 며칠 만에 통증과 호흡 곤란을 약물로 잡는 데 성공했다. 그러나 장 활

동은 여전히 미미했다. 환자가 앞으로 몇 주밖에 더 살지 못할 것은 분명했다. 따라서 우리 의료팀의 희망은 완화 치료로 환자의 전반적인 상태를 개선해 환자가 가족(부모, 남편, 여섯 살과 아홉 살짜리 아이)과 편안하고 안정된 상태로 작별하게 하는 것이었다. 그런데 뜻밖의 난관에 부딪혔다. 그것도 의사들로서는 전혀 예상하지 못한 이유였다.

앞서 언급한 육체적 통증 외에 환자는 뇌의 오른쪽 절반으로 전이된 악성 종양으로 고통받고 있었다. 이 종양은 왼쪽 몸의 마비, 특히 안면과 팔쪽에 심한 마비를 일으켰다. 그런데 담당 의료팀은 그것에 큰 의미를 두지 않았다. 어차피 환자는 원래의 암 때문에 침대에 누워 있어야 하고, 보살핌이 필요한 상태였기 때문이다. 더구나 환자는 그 상태에서도 사람들과 소통하고 오른손으로 직접 식사도 할 수 있었다.

그런데 우리 모두가 경시했던 것이 있었다. 건강 상태의 다른 어떤 것보다 환자의 자존감과 자의식에 큰 상처를 준 것이 바로 한쪽 몸의 마비였다는 사실이다. 그로 인해 환자는 깊은 우울증에 빠졌고, 어떤 형태의 심리사회적 도움도 받지 않으려 했으며, 남편과도 더 이상 이야기를 나누지 않았고, 아이들을 보는 것도 거부했다. 환자 가족은 마지막 작별 인사도 불가능할 것 같은 상황 때문에 말할 수 없이 괴로워했다.

이런 난감한 상황에서 나는 뮌헨 방사선치료센터에 도움을 청했다. 방사선 치료는 최첨단 레이저 수술법인데, 컴퓨터로 조종되는 정밀 기기를 이용해 정확하게 종양이 있는 곳에 방사선을 투사함으로써 건강한 조직에 해를 주지 않는 장점이 있었다. 다만 문제는 당시엔 아직 여러 전제 조건이 따르는 새로운 기술이었다는 점이다. 특히 중요한 조건은 종양의 크기가 최대한 작아야 하고, 환자도 방사선 치료를 이겨낼 만큼 건강해야 한다는 것이다. 우리 환자에게는 둘 다 해당되지 않는 이야기였다. 그럼에도 나는 방사선치료센터 동료들에게 우리 환자를 살펴보고, 일반적으로 세 번에 걸쳐 방사선 치료를 하는 것이 아니라 단 한 번으로 끝내줄 것을 부탁했다. 그렇지 않으면 환자가 그 과정을 견뎌낼 수 없을 것 같았기 때문이다. 동료들(무아케빅 박사와 보브라 박사)은 내 부탁을 들어주었고, 나는 지금도 두 사람에게 감사하고 있다.

방사선 치료를 받은 지 하루 만에 환자는 머릿속의 묵직한 압박감이 수그러드는 것을 느꼈고, 왼팔도 다시 움직일 수 있게 되었다. 둘째 날에는 왼손을 어깨까지 들어 올릴 수 있었고, 안면 마비도 눈에 띄게 개선되었다.

물론 '실질적으로' 보면 그것으로 그녀의 상태에 본질적인 변화가 일어난 것은 아니었다. 환자는 여전히 침대에 누워 있어야 했고, 예후도 바뀌지 않았다. 그러나 환자의 기분만큼은 뚜렷이 바뀌었다. 그녀는 간호사들과 대화를 나누었고, 심지어 한 모금이지만 남편과 와인도 마셨으며, 아이들도 다시 곁으로 불렀고, 가족과 마지막 고별식도 갖자고 했다. 온 가족이 모인 상태에서 완화 병동 성직자가 고별식을 거행했다. 그로부터 며칠 뒤

환자는 가족들이 지켜보고 아이들이 함께 있는 자리에서 평화롭게 숨을 거두었다. 99

이런 사례 보고와 관련해서 이것이 현실적으로 자원 낭비가 아니냐고 반박할 수도 있다. 어차피 죽어가는 환자의 기분을 단 며칠 동안 밝게 해주려고 그렇게 비싼 방법을 쓰다니 비용과 효율 관계를 너무 무시했다는 것이다. 죽어가는 환자에게 그런 조치를 쓴 것이 불만스럽게 느껴지는 사람은 이 조치의 효과가 환자의 마지막 며칠에 국한된 것이 아니라는 사실을 고려해야 한다. 가족들은 좋은 작별의 시간을 가짐으로써 힘든 슬픔의 국면을 극복할 수 있었고, 아이들도 어쩌면 심각한 정신적 트라우마에서 벗어나게 되었을지 모른다. 품위 있고 평화로운 임종 과정의 체험은 죽음과 죽어감에 대한 가족들의 생각에 평생 영향을 끼칠 것이다. 게다가 아이들에게 그 시간은 어림잡아 7, 80년은 된다. 그렇다면 이것도 완화 의학의 일부로 여겨야 한다.

완화적 진정 요법

의료 처치가 충분히 듣지 않을 때는 마지막 선택으로 완화적 진정 요법을 사용할 수 있다. 이때 환자는 투여 약물에 대한 충분한 설명을 들은 뒤 지속적인 고통에서 벗어나기 위해 마취와 비슷한 무의식 상태에 빠진다. 그런데 진정 요법은 일시적일 수 있다. 즉, 일정 시간이 지난 뒤 증상이 개선되었는지 확인하기 위해 다시 깨울 수 있다는 것이다. 이것이 가능한 경우는 예를 들어 섬망 상태 때문에 진정 요법을 썼을 때다. 다음 사례를 보자.

> 58세 유방암 환자는 며칠 전부터 반복해서 정신 착란 증세를 보였다. 그런데 담당 의사들의 견해에 따르면 이 증세가 '더 이상 악화되지는 않는' 것으로 보였다. 왜냐하면 환자가 항상 밤중에만 잠깐 그런 증세를 보였기 때문이다. 완화 치료팀에 협조를 요청했을 때 환자는 반복되는 괴성과 경련을 동반한 환각과 망상 증상이 뚜렷한 섬망 상태에 이르러 있었다. 약물로 증상을 없애려는 모든 시도는 실패로 돌아갔다. 결국 우리는 사흘 동안만 완화적 진정 요법을 쓰기로 결정했다. 이어 이 요법에 대한 충분한 설명과 함께 환자 보호자인 남편의 동의 아래 환자는 약물로 인위적인 수면 상태에 빠졌다. 사흘 뒤 약물의 양을 단계적으로 줄이자 환자는 깨어났고, 섬망 증세는 사라졌다. 환자는 아무 일도 없었다는 듯이 남편 및 의사와 정상적으로 대화를 나누었고, 섬망 상태이건 인위적인 수면 상태이건 전혀 기억을 하지 못했다. 환자는 며칠 뒤 퇴원했고, 섬망 증세는 다시 나타나지 않았다. 그리고 두 달 뒤 평화롭게 집에서 죽음을 맞았다.

가끔은 임종 국면에서 완화적 진정 요법을 꼭 써야 할 때가 있다. 고통이 너무 심해서 다른 식으로는 평화롭게 죽어갈 수 없다고 판단될 때다. 이 상황에서도 환자나 보호자의 동의는 필수이고, 진정 요법도 고통 경감에 필요한 만큼만 실시해야 한다. 그 밖에 임종 단계에서 사용하는 완화적 진정 요법이 환자의 죽어가는 시간을 줄이는 것이 아니라 일반적으로 좀 더 늘린다는 사실을 아는 것도 중요하다. 그렇다면 완화적 진정 요법은 간접적인 형태건 심지어 적극적인 형태건 죽음의 보조 행위로 볼 수 없다(9장 참조). 그것은 오히려 고통을 줄이는 **최후의 수단**으로서 정말 심각한 고통 상황을 의료적으로 대처하려는 완화 의학의 효과적인 방법이다.

C. 심리사회적 돌봄

내가 죽는 건 두렵지 않습니다.

내 곁에 있는 사람들이 죽는 게 두려울 뿐입니다.

그들이 이 세상에 없으면 어떻게 살아가야 할까요?

나는 죽음을 따라 홀로 안갯속을 헤맵니다.

내가 어둠 속을 떠돌게 내버려두세요.

걷는 것은 머물러 있는 것만큼 아프지 않습니다.

똑같은 일을 겪은 그 사람은 아마 그걸 알 겁니다.

그것을 견뎌냈던 이들이여, 나를 용서하소서!

기억하라, 내가 죽는 것은 나 하나 죽는 것뿐이지만

우리는 타인의 죽음과 함께 살아가나니.[24]

— 마샤 칼레코 (유대계 독일 시인, 1907~1975)

"누구도 혼자 죽지 않는다." 이것은 올리버 톨마인이 죽음을 주제로
쓴 탁월한 책의 제목[25]인데, 이 장에서 다룰 문제를 함축적으로 암시하
고 있다. 사회적 환경(가족, 친구, 노동 세계 등)에서 죽어가는 사람을 돌
보는 문제, 그리고 바로 이 사회 환경을 함께 돌보는 문제가 그것이다.
여기서 후자에는 환자 동행보다 훨씬 많은 수고와 시간이 필요한데,
다음 사례가 그것을 명확히 보여준다.

> 이미 전이가 상당히 진행된 대장암 환자인 29세 여성이 의사를 찾아와
> 하복부에 극심한 통증을 호소했다. 의사는 세계보건기구 규정에 따라(4장
> B 참조) 진통제를 충분히 처방했다. 그럼에도 통증은 며칠 동안 지속되었
> 다. 진통제 양을 늘려보았지만 도움이 되지 않았고, 약을 바꾸어도 소용이
> 없었다. 의사는 난감했다. 그러다 수년간 의사의 상담 업무를 도와온 간호

사가 대기 시간에 환자와 나눈 대화를 통해 상황이 해명되었다. 간호사가 의사에게 상기시킨 내용은 이랬다. 그 젊은 여성 환자에게는 다섯 살짜리 딸과 동거남이 있었다. 동거남은 아이의 친부가 아니었고, 지금은 실직 상태였다. 생계는 오직 그녀의 수입에만 의지했다. 그녀는 현재 직장에 병가를 제출한 상태였고, 질병에 의한 해고가 임박한 상황이었다. 또한 자신이 죽으면 딸과 동거남에게 일어날 일도 극도로 걱정스러웠다. 그 밖에 좋지 않게 갈라선 아이의 친부가 자신이 죽고 나면 딸아이의 양육권을 법적으로 얻으려고 할지도 모른다는 불안도 있었다. 이러한 걱정과 불안이 수면 장애와 악몽을 불러왔고, 그로 인해 통증은 견디기 힘들 정도로 심해졌다.

지역 호스피스연합회에서 소개한 경험 많은 사회복지사가 이 문제에 개입하면서 돌파구가 열렸다. 우선 사회복지사는 환자의 딸아이를 외할머니 댁에서 키우는 것으로 조정했다. 동거남에게 아이의 양육을 맡기는 것은 너무 지나친 요구였다. 환자는 오랜 망설임 끝에 사회복지사의 제안대로 딸아이의 친부를 만나 이야기를 나누어보기로 마음먹었다. 대화는 예상했던 것과는 달리 긍정적으로 흘러갔다. 그사이 재혼해서 두 아이의 아빠가 되어 있던 친부는 양육권을 주장하지 않을 뿐 아니라 딸아이의 양육비도 보낼 용의가 있다고 했다. 또한 딸아이가 외할머니 댁에서 자라는 것에 동의했고, 자신에게는 정기적으로 딸아이를 만날 수 있는 접견권만 주어지는 것에도 만족했다. 현재의 동거남 역시 환자의 딸과 좋은 관계를 유지하고는 있지만 혼자서 아이를 키울 수 없는 입장이라 이 해결책에 찬성했다. 해결책은 아동청소년국의 협조 아래 실시되었다. 행동장애의 싹을 보이는 딸아이는 아동 심리 전문가의 지원을 받기로 했다. 환자는 이러한 전개 과정을 보면서 심리적 안정을 되찾았고, 통증도 수그러들기 시작했다. 물론 병은 계속 진전되었고, 결국 몇 주 후 가족들이 지켜보는 가운데 숨을 거두었다. 딸아이에 대한 심리 치료는 엄마가 죽은 뒤에도 계속되었고, 조부모도 그 프로그램에 포함되었다. 처음에는 쭈뼛거리던 아이도 시간이 가면서 눈에 띄게 증상이 좋아졌고, 또래 아이들보다 1년이 늦었지만 학교에도 들어갔으며, 이후로는 지극히 평범한 아이로 성장했다.

심리적 동행

중병은 몸만 지치게 하는 것이 아니라 정신도 지치게 한다. 그래서 질병을 극복하는 과정에서 전문 교육을 받은 심리학자나 심리 치료사의 도움이 정말 중요할 때가 많다. 그들은 환자의 정신적 짓누름 때문에 가족 시스템 자체가 무너질 위험에 빠질 때도 도움이 될 수 있다. 그런데 환자와 가족이 이런 도움의 가능성이 있음을 기억하고 그 가능성에 자신을 맡겨야 하지만, 많은 사람들이 그렇게 하지 못한다. 심리적 도움을 요청하는 것은 결코 자신에게 정신병이 있음을 인정하는 것이 아니다. 육체적으로 중병을 앓고 있으면 기분이 우울해지고 적응에 어려움을 겪는 것은 지극히 자연스런 일이다. 그럼에도 중병에 따른 정신적 짓누름과 관련해 지원을 요청하는 것을 꺼리는 사람들이 많다. 이렇게 비교해보자. 만일 당신이 스키를 타다가 넘어져 뼈에 무리가 가는 바람에 다리가 부러졌다면 당신은 당연히 그 손상된 뼈의 자가 치료 과정에 도움을 주려고 정형외과를 찾는다. 우리의 정신도 마찬가지다. 정신이 손상되면 최소한 뼈만큼이라도 세심히 보살펴야 하고, 정신적 짓누름이 너무 클 경우에는 외부에 도움을 청해야 한다.

전체 임종 동행에서도 그렇지만 심리적 보살핌의 측면에서도 암 환자에게는 최상의 프로그램이 제공된다. 심리학, 특히 '정신종양학'이라 불리는 분야는 오직 암 환자와 가족들의 심리적 간호에 매달린다. 여기엔 예를 들어 독일암협회[26]의 심리사회적 상담실과 연계해서 실시하는 훌륭한 프로그램이 많다. 반면에 다른 질병은 심리적 보살핌이 상당히 어렵고, 특히 고령의 치매 가족을 보살피는 경우는 더욱 어렵다. 이런 지극히 힘든 과제는 주로 배우자나 딸이 떠맡는데, 이 경우 간병하는 가족들은 자신을 돌볼 시간조차 없을 때가 많다. 이건 이중으로 안타까운 일이다. 연구 자료에 따르면 가족의 정신적 안녕은 환자의 심리적 안정에도 긍정적으로 작용한다고 하니까 말이다.

환자를 돌보는 부담이 너무 크면 간병하는 가족들도 자포자기 심정으로 어쩔 수 없이 환자를 요양원에 보내는 경우가 드물지 않다. 이는 가족을 죄책감에 시달리게 하고, 그 결과 사회적 단절과 우울증이 나타날 수 있다. 물론 다른 한편으로는, 집에서 적당한 수고로 환자를 돌볼 수 있음에도 가끔 이기적인 가족들이 노인을 요양원에 '처넣어버리는' 안타까운 일도 있다.

지원을 제때 받으려면 어떤 지원 프로그램이 있는지부터 알아야 한다. 그런 정보를 얻는 데는 가정의와 사회복지국을 비롯해 구청, 교구, 호스피스연합회, 암협회, 자원봉사 단체가 도움이 될 수 있다. 위기 개입 서비스,[*] 부부 또는 가족 치료, 미술 치료, 음악 치료 또는 자원봉사 단체 참여(여기엔 환자뿐 아니라 환자 가족을 위한 프로그램도 있다) 중에서 어느 것이 나은지는 본인이 직접 결정해야 한다. 치료사 선택도 간단한 문제는 아니다. 때로는 '자신에게 맞는 사람'을 찾기까지 몇 번의 시행착오를 거쳐야 하지만, 충분히 그럴 만한 가치가 있다.

사회복지

사회복지는 중병 환자와 죽어가는 사람을 돌보는 문제에서 가장 중요하면서도 가장 경시되는 분야다. 오늘날에는 특히 가정에서 환자를 돌보는 일 가운데 많은 부분이 경험 많고, 이상적인 경우엔 전문 교육을

* 정신적 위기 상태에 처한 사람에 대한 치료적 개입.

받은 완화 치료 담당 사회복지사 없이는 생각할 수 없다. 그런데 안타깝게도 이 분야에서 일하는 사람들에게는 여전히 '저소득층만 돌보는 사람'이라는 딱지가 부당하게 붙어 있다. 이는 적지 않은 사람들에게 이들과의 접촉을 가로막는 장벽으로 작용한다. 그러나 이 분야는 지난 몇십 년 사이 역동적으로 발전했을 뿐 아니라 학술적으로도 단단한 이론적 토대 위에 구축되었다.

사회복지에서 본질적인 요소는 두 가지다. 체계적인 시각과 인적 자원 관리가 그것이다. 무슨 뜻일까? 체계적인 시각은 사회복지에서 환자만 따로 떼어내어 살피는 것이 아니라 항상 환자의 주변 환경을 같이 살피면서 이 둘을 함께 보살필 가능성에 주목하는 것을 의미한다. 이는 무척 중요한 일이다. 앞서 언급한 것처럼 가족의 안녕은 환자의 안녕과 직결되기 때문이다. 만일 한쪽을 도우면 다른 쪽도 동시에 돕는 셈이다. 이때 환자의 주변 환경에서 첫 번째로 꼽을 수 있는 사람은 당연히 환자의 배우자와 자식들이다. 그런데 인구통계학적 변화로 요즘엔 또 다른 변수가 생겨났다. 사람들의 평균 수명이 길어지면서 배우자와 자식 외에 아직 살아 있는 고령의 부모까지 완화 치료의 사회복지 대상으로 떠오른 것이다. 이들은 경시될 때가 많지만, 어쩌면 이런 상황으로 가장 고통받는 사람은 그들일지 모른다. 왜냐하면 심리 연구와 아동 완화 치료의 경험에 따르면 자식의 죽음만큼 인간에게 더 치명적인 일은 없기 때문이다. 자식의 나이와 상관없이 말이다.

인적 자원 관리는 원칙적으로 스스로 일어설 수 있도록 돕는 것을 가리킨다. 중병 환자와 가족은 정서적으로 예외 상태에 처해 있을 뿐 아니라 내면의 힘을 깨닫거나 친구나 친지에게 도움을 청하는 데 어려움을 겪는다. 따라서 사회복지의 중심 과제는 바로 이 힘과 도움의 가능성을 환자 및 가족과 함께 찾아내서 활용하는 것이다. 환자와 가족에게 장기적으로 버틸 수 있는 힘을 주는 것도 바로 사회복지다. 반면에 선의로 주어지는 '외부' 도움은 단기적인 효과에 그칠 때가 많다.

사회복지사는 이를 넘어 자신의 특수한 지식들, 예를 들어 관청과의 교류, 간병 신청, 보조금 확보 같은 문제에서 자신이 갖고 있는 지식으로 환자와 가족을 지원할 수 있다. 다만 이 과정에서는 늘 환자나 가족의 적극적인 협조가 선결 과제다. 사회복지사는 독일 사회에 널리 퍼져 있는, '남의 도움을 받지 않고 혼자서 문제를 해결하려는' 일반적인 정서에 충분히 공감하면서 슬기롭게 대처해나가야 한다. 바로 앞의 사례가 보여주듯 개인이 처리하기 힘든 상황에서 당국이 적극적으로 개입하는 것은 무척 가치 있는 일이다.

애도 동행

완화 돌봄은 환자의 죽음으로 끝나는 것이 아니다. 애도 국면에서 가족과 동행하는 것도 완화 의학과 호스피스 업무의 매우 중요한 기둥이다. 그런데 오늘날에는 갑자기 뜻밖의 죽음을 당하는 사람은 드물고, 대부분 여러 해 지속된 만성 질환으로 죽기 때문에 애도 동행의 상당 부분은 가족이건 환자 본인이건 이미 죽음 전부터 진행된다. 이른바 '선행 애도'다. 따라서 전체 완화 돌봄과 마찬가지로 애도 동행도 원칙적으로 죽음을 부르는 병이라는 진단이 내려지는 순간부터 시작된다. 환자의 슬픔은 병에 의해 육체적·정신적 능력이 손상되는 일련의 과정을 통해 커진다. 병상에 누워 있는 시간이 길어질수록 남에게 의지해야만 살 수 있는 자신의 처지가 정말 감당하기 어려운 고통으로 다가오고, 그것은 종종 빨리 죽고 싶다는 생각을 불러일으키기도 한다.

환자가 죽고 나면 유족은 일단 행정 일과 실무적으로 처리해야 일들로 바쁘다. 이 일들이 다 끝나면 그들의 가슴엔 대개 커다란 구멍이 생긴다. 이때 큰 역할을 하는 사람이 친척이나 좋은 친구다. 슬픔의 당사자가 손사래를 치면서 거부하는 태도를 취해도 굴하지 않고 곁을 지키는 사람들이다. 유족에게 필요한 건 일상이다. 그런데 이런 일상의 구조를 본인들이 직접 만들 수는 없다. 남편을 잃은 한 부인의 말을 들어보자. "나한테 가장 큰 도움이 되었던 건 규칙적으로 조용히 찾아오는 사람들이었어요. 내가 기분이 좋건 나쁘건 그 사람들은 늘 똑같이 내 곁을 지켜주었어요." 이것을 보면 애도 동행도 무척 도움이 된다는 것을 알 수 있다. 이런 애도 동행 서비스는 호스피스연합회나 교회 공동체 같은 곳에서 제공한다.

사실 우리의 삶에서는 많은 애도의 국면이 있다. 지난 몇십 년의 애도 연구에서 얻은 가장 큰 깨달음은 애도가 언젠가 '끝나는' 직선의 과정이 아니라 **평생 육체적, 정신적, 사회적, 영적인 영역에 두루 걸친 나선형 과정**이라는 것이다. 이는 곧 우리 삶에서는 강렬한 애도 국면과 상대적으로 '차분한' 애도 국면이 교대로 일어난다는 것을 의미한다. 그것도 하나가 언제 시작하고, 다른 하나가 언제 끝날지 예측할 수 없는 상태에서 말이다. 급작스런 애도 국면을 맞은 인간은 엄청난 충격에 휩싸이고, 가끔은 일을 할 수 없는 지경에 이르기도 한다. 이는 전적으로 정상이고, 그 자체로 병적인 애도 과정으로 볼 수 없다. 다만 일상생활이 6개월 넘게 뚜렷이 손상되거나 자기 파괴적 충동이 나타난다면 그것은 심리 치료가 필요한 중대한 애도 국면이라고 볼 수 있다. 심각한 애도 과정의 주요 위험 요인으로는 자식의 죽음, 갑작스런 죽음, 짧은 시간에 연이어 일어난 죽음, 스스로 목숨을 끊은 죽음을 꼽을 수 있다.

J. 윌리엄 워든[27]에 따르면 유족에겐 극복해야 할 네 가지 과제가 있다.

1. 상실을 현실로 받아들이기
2. 슬픔의 고통을 오롯이 느끼기

3. 고인이 없는 환경에 적응하기

4. 정서적으로 고인에게 새로운 공간을 부여하며, 기억을 유지하는 법을
   배우고, 그러면서 계속 살아나가기

사랑하는 사람에 대한 상실감은 쉽게 지워지지 않고, 다른 것으로
도 완전히 메워지지 않는다. 그래서 네 번째 과제가 중요하다. 중요한
건 마음의 구멍을 메우는 것이 아니라 그것과 함께 살아가는 것이다.
이런 비유를 들어서 미안한데, 이 상황은 스위스 치즈와 약간 비슷한
구석이 있다. 스위스 치즈는 숙성이 될수록 구멍이 점점 많아지고 커
진다. 구멍이 없는 스위스 치즈는 좋은 치즈가 아니다. 사람의 상황도
비슷하다. 우리는 나이가 들수록 상실의 체험이 점점 많아지고 강도도
세진다. 단순히 죽음의 상실만을 말하는 게 아니다. 이 모든 상실에 대
해 우리 삶에 적당한 자리를 부여하고, 그렇게 생겨난 구멍을 우리 정
체성의 일부로 받아들이고, 또 그에 대한 기억을 안고 계속 살아가는
법을 익히는 것은 개인의 성장과 인간적 성숙의 중요한 부분이다.

D. 영적 동행

놀라워라,

영혼이 육신에

얼마나 많은 힘을 주는지!

— 빌헬름 폰 훔볼트(1767~1835)

앞서 언급했듯이 세계보건기구가 내놓은 완화 의학의 정의에 따르면 육체적, 심리사회적, 영적인 영역의 치료는 동일한 차원에서 이루어져야 한다. 세 영역을 아우르는 이런 통일적인 시도는 의학의 역사에서 굉장히 뿌리가 깊지만(샤먼의 존재만 생각해봐도 알 수 있다), 근대에 들어 특히 20세기 후반기부터 의학의 과학화와 기술화가 이루어지면서 거의 사장되고 말았다.

그에 대한 좋은 보기가 과거 독일 병원에 상주하던 성직자들의 역할이다. 그들은 의사들에게 존중받지 못했고, 의사들과 대화도 거의 없었다. 성직자들의 역할은 주로 죽어가는 사람이나 죽은 사람들을 위해 특정한 제식을 올려주는 것으로 국한되어 있었다. 그래서 교회에서도 가장 형편없는 성직자들을 병원으로 '좌천시킨다'고 할 만큼 매력적인 직업이 아니었다.

그런데 최근 몇 년 사이 이런 인식에 뚜렷한 변화가 생겨나고 있다. 한편으로 교회는 병석에 누워 있는 사람들의 영적 욕구에 호응하는 것이 영혼을 돌보는 성직자의 중요한 사명임을 깨달았다. 그래서 재능이 뛰어난 사제들을 병원으로 파견하는 일이 증가하고 있다. 병원의 영적 동행에서 점점 큰 인기를 누리는 것은 종파를 떠나 교회 일치 운동을 하는 통합 단체들이다. 이 운동이 다른 영역에서는 정체되어 있음에도 말이다. 그러다 보니 병원에서 영혼을 돌보는 일이 큰 종교 단체들에서는 기존의 부수적 차원에서 중요한 성직 활동 중 하나로 바뀌어가고 있다.

다른 방향에서 그와 나란히 진행되는 발전 과정도 있다. 다시 말해 '영성'이라는 개념을 오직 교회와 연결된 종교적 관념에서 벗어나, 교회라는 '울타리 밖에 있지만 믿음을 가진believing without belonging' 개인들로 확장해서 바라보는 시각이다. 이 운동은 기존 교회들에서 다소 소란을 불러일으키고 있는데, 이런 교회의 입장에서는 요즘 성직 활동의 중심으로 떠오르는 이 영역에서 자신들의 권위가 상실되어가는 것이 걱정스러운 듯하다.

(의학에서) 영성이란 무엇일까?

영성을 정의하려는 모든 시도는 실패할 수밖에 없다. 기껏해야 그 개념에 접근하는 것만 가능하다. 2006년 독일완화의학협회의 영적 돌봄 파트에서 다음과 같은 정의를 제안했다. "영성이란 내적 관점, 내적 정신, 그리고 한 인간이 삶의 경험, 특히 실존적 위협에 대처하기 위해 무언가 의미를 찾으려는 개인적인 노력으로 이해할 수 있다." 이러한 개념 규정에서 분명히 드러나는 것은 영성이란 고도로 개인적인('내적') 사안이고, 삶의 의미와 관련이 있고, 지극히 힘든 상황('실존적 위협')에서도 버티게 해주는 정신적 자원이 될 수 있다는 것이다. 이 자원을 활성화하고, 환자와 가족에게 체험하게 하는 것은 임종 단계에서 영적 동행의 중요한 목표이다.

영성, 가치관, 그리고 삶의 의미

개인의 가치관과 임종 단계에서 삶의 의미, 그리고 이것들과 영성의 관계에 대해선 이미 많은 학술 논문들이 나와 있다.

2008년 심리 치료사 마르틴 페그 교수는 죽어가는 사람들의 가치관을 조사했다. 이때 전 세계 2만 명이 넘는 사람에게 설문지를 돌림으로써 연구의 신빙성을 높였다.[28] 그는 거의 모든 문화권에서 동일하게 발견되는 보편적 기본 가치를 설문지에 담았는데, 그 두 축 중 하나는 권력과 즐거움, 자기실현처럼 자신과 관련된 가치이고, 다른 하나는 개인보다 세계의 운명을 먼저 걱정하는 보편주의나 남이 잘되기를 바라는 자비심 같은 이타적인 가치였다. 결과는 퍽 인상적이었다. 죽음을 앞둔 사람들은 타인을 먼저 생각했다. 중병을 앓으면서 조사에 응한 **모든** 사람에게서 종교나 질환의 종류와 상관없이 개인 중심의 가치관에서 이타주의로 옮겨가는 것을 확인할 수 있었다. 전반적으로 '건강한' 사람들과는 반대되는 현상이었다. 그 원인은 아마 병을 극복하는 과정에 있기도 하고, 또 나이가 들면서 이루어지는 우선순위의 변동에 있기도 하다(〈표 5〉 참조). 중병과 제한된 수명에도 불구하고 이런 변화에 대한 보상은 꽤 높은 삶의 질이다.

여러 학술 연구가 보여주듯 죽어가는 사람들의 삶의 질에서 중요한 것은 건강한 육체 기능이 아니다.[29] 중병 환자들의 가치관에 대한 조사를 보면서 쉽게 떠오르는 것은 죽음을 앞둔 사람들은 실제로 무엇이 중요한지를 깨닫고 있다는 것이다. 이때 이타적 방향으로의 가치관 변화는 '자기 자신을 넘어서는 것'이고, 그 때문에 이 가치들은 '자기 초월적'이라 불리기도 한다.

또 다른 연구에서 마르틴 페그 교수는 다양한 연령대의 일반인에게 의미 부여의 영역이 어떻게 분포되는지를 보여주었다. 그 결과는 오직 이 연구만을 위해 개발된 '삶의 의미 평가 지수Schedule for Meaning in Life Evaluation(SMiLE)'를 통해 작성되었는데, 〈표 5〉가 바로 그것이다.

이 결과에서 흥미로운 것은 식상할 정도로 세간에 많이 퍼져 있는 중년의 위기가 결국 인생 중반기에 우리 모두에게 닥치는 삶의 의미에 대한 위기라는 사실이다. 우리 인생에서 일이 최고의 가치로 여겨지는 바로 그 시기다. 그러나 다행히 나이가 들수록 이런 상황은 개선되고,

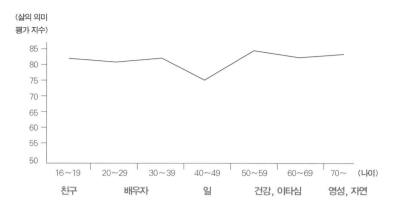

〈삶의 의미
평가 지수〉

85
80
75
70
65
60
55
50

16~19   20~29   30~39   40~49   50~59   60~69   70~   (나이)

친구   배우자   일   건강, 이타심   영성, 자연

〈표 5〉 연령대에 따른 독일인의 의미 부여 영역과 삶의 의미에 대한 평균 만족도[30]

다른 영역, 그중에서도 이타심과 자연, 영성이 전면에 등장한다. 그와 함께 삶의 의미에 대한 만족도는 기대 수명이 점점 뚜렷이 줄어드는데도 다시 젊을 때와 비슷한 수준으로 상승한다.

이 자료를 통해 영성의 의미도 잘 드러난다. 즉, 영성은 임종 단계에서 중요한 잠재적 의미 부여의 영역이라는 것이다. 따라서 완화 치료와 호스피스 간병에 종사하는 여러 직업군의 사람들은 영성이 환자에게 도움이 된다고 판단할 경우 적극적으로 이 자원을 일깨워야 한다.

의사의 역할

〈시편〉 90편에 주목할 만한 글귀가 나온다. "주여, 우리가 죽어가는 것이 결국 지혜로워지기 위함이라는 사실을 깨닫게 하소서!" 부처도 이렇게 말한다. "화두 중에서 최고의 화두는 죽음에 관한 화두이니라." 죽음에 대해 깊이 생각하면 영적인 문제는 거의 자동으로 따라온다. 우리는 그와 관련해서 한 가지 조사를 했다. 종합병원에 입원한 환자들에게 "성직자를 소개시켜드릴까요?" 하고 물으면 가장 자주 듣는 대답은 "내가 벌써 그런 상황입니까?" 하는 것이다. 그런데 의사로서 환자에게 "아주 폭넓게 봤을 때 당신은 스스로 신앙인이라고 생각하십니까?" 하고 물으면 87퍼센트는 "예"라고 대답한다. 87퍼센트라면 열 중 거의 아홉 명이다. 그것도 우리처럼 전반적으로 세속화된 사회에서 말이다. 이 질문은 임종 단계에서 영성에 관한 대화로 들어가기에 아주 좋은 실마리다. 영성에 관한 대화는 대다수 완화 환자에게 마음의 짐을 덜어주는 유익한 대화로 판명되었다. 그런데 환자들에게 "누구와 그런 이야기를 가장 나누고 싶습니까?" 하고 물으면 놀랍게도 선호 대상은 성직자가 아니라 의사다. 그 이유에 대해 한 환자가 이렇게 핵심을 짚어주었다. "저는 당신(의사)과 그 문제에 대해 이야기를 나누고 싶습니다. 왜냐하면 당신은 좀 더 객관적이니까요."

　죽음이 임박한 사람들에게는 사실 자신이 의사들에게 영적인 영역을 갖춘 온전한 인간으로 비치는 것이 상당히 중요해 보인다. 어떤 측면에서 이것은 영적인 측면과 의료적 측면이 불가분의 관계로 연결되어 있던 의학의 뿌리로 돌아가는 것을 의미하기도 한다. 이런 뿌리는 고대에 의술을 겸비했던 샤먼을 떠올려봐도 알 수 있다. 오늘날 새로운 분과로 자리 잡은 '영적 케어Spiritual Care'에 커다란 관심이 쏠리는 것도 그 때문인 듯하다. 영적 케어는 신앙적인 색채를 훨씬 뛰어넘는다. 다시 말해 성직자와 의사, 그리고 원칙적으로 건강 시스템에 관여하는 모든 직업군의 공통적인 사명으로서 병든 사람을 총체적으로 돌보는 것을 가리킨다.[31]

2010년 유럽에서 최초로 뮌헨 대학에 '영적 케어 교수직'이 신설되었다. 완화 의학 분과 아래에 설치된 이 교수직에는 교회 일치 운동에 맞게 가톨릭 사제와 개신교 신학자가 각각 한 사람씩 임명되었다. 그런데 이들에게 들어가는 비용을 전적으로 독일과학재단연합회의 외부자금으로 충당하고 있음에도 이 교수직 설치는 의과대학 내에서 엄청난 반발에 부딪혔다. 한 고위직 의사는 아주 진지하게, 영적 케어와 아로마 테라피의 차이가 대체 뭐냐고 물었다. 이런 식의 반발은 과학적의료 능력 이외의 다른 능력을 동일한 수준으로 인정하지 않으려는 기존 의료학계의 분위기를 반영한다. 하지만 그사이 영적 케어 교수들은 의학부에 잘 스며들었고, 많은 학생이 기꺼이 이 과목들을 듣고 있다. 이는 영적 차원을 다시 현대 의학에 접목하려는 본질적인 첫걸음이다.

성직자의 역할

성직자와 대화를 원하느냐는 질문에 또 다른 전형적인 대답은 이렇다. "글쎄요, 아시다시피 저는 그렇게 종교적인 사람이 아니라서……." 그러면 우리는 바로 이렇게 대답한다. "여기 성직자도 그렇게 종교적이지 않답니다." 그와 동시에 웃음이 터지면서 우리는 다음 대화로 넘어갈 좋은 실마리를 잡는다. 일단 우리는 완화 의학에서 차지하는 영적 동행의 실질적인 의미부터 설명한다. 영적 동행에서 핵심은 개인의 삶을 전체적으로 훑는 전기 작업이다. 즉, 환자가 과거, 현재, 미래(살날이 얼마 남지 않았어도 상관없다)의 삶에서 의미를 찾으려는 시도를 지원하는 것이다. 그 밖에 살아가면서 미처 풀지 못한 갈등들, 과거의 좋은 일에 대한 기억들, 그리고 경우에 따라서는(이건 절대 강요해서는 안 된다) 자기 자신을 뛰어넘는 어떤 초월적인 의미와의 관련성 속으로 '침잠하는' 경험도 영적 동행에 속한다.

전기 작업의 또 다른 방법은 환자에게 자신의 삶을 글로 짤막하게 요약하게 하는 것이다. 가족과 후손에게 남기는 일종의 '유언'이다. 캐나다 의사 하비 초치노프 박사가 '품위 치료Dignity Therapy'라는 이름으로 개발한 이 방법은 많은 환자에게 긍정적인 반응을 불러일으켰다.[32] 이는 임종 단계에 있는 많은 사람들에게 이 세상에 자신의 흔적을 남기는 것이 얼마나 중요한지를 보여준다.

과거에 병원 성직자의 주 임무였던 것들, 그러니까 축복과 '성유 바름', 고해, 영성체 같은 제식의 거행은 오늘날 순수하게 시간적으로만 따지면 영적 돌봄의 일부에 지나지 않는다. 바이에른 지방의 호스피스 여덟 군데와 완화 치료 시설에서 실시된 영적 돌봄 서비스를 조사한 결과(250명을 직접 대면 조사했다), 모든 경우에 제법 긴 대화가 진행되었고 기도나 축복을 포함한 제식은 55퍼센트에 그친 것으로 나타났다. 그런데 흥미로운 것은 환자 없이 가족만 상대했을 때는 제식을 전혀 거행하지 않았다는 점이다.[33] 따라서 영적 돌봄의 종류와 스펙트럼은 현재 큰 변화를 겪고 있다. 종교 간 대화와 다직종 간 소통에도 필요한 능력의 확장과 함께 말이다.

팀의 역할

영성은 공동 작업이다. 이것은 중병 환자와 죽어가는 사람을 다루는 일에서 항상 반복해서 확인된다. 공동 작업에 참여하는 팀원들은 우선 이 일을 하기 위한 본질적인 전제 조건으로서 자신의 영성을 성찰해야 한다. 따로 개설된 '영적 케어 프로그램'이 팀원들에게 이러한 성찰의 기회를 제공하는데, 이 프로그램은 참가자들의 영적 안녕뿐 아니라 환자를 영적으로 돌보는 일과 동료들에 대한 관점을 대폭 개선할 수 있다.[34]

환자의 영적 위기와 필요성을 잘 보여주는 신호는 지나가듯이 하는 암시와 얼버무림, 그리고 꿈 이야기일 때가 많다. 게다가 환자가 항상 똑같은 사람에게만 이것을 전달하는 것도 아니다. 전체적으로 들여다 보아야만 그런 말들 속에 숨어 있는 의도가 갑자기 하나의 의미로 짜 맞추어진다. 이런 신호를 인지하는 것은 완화 치료팀의 모든 구성원이 해야 할 과제다. 그런 의미에서 영적 케어는 성직자들을 넘어 전체 팀의 과제다. 환자는 자신이 영적으로 동행하고 싶어 하는 사람을 고를 수 있다. 그 대상은 간호사가 될 수도 있고, 심리 치료사나 호스피스 간병인, 성직자 혹은 의사가 될 수도 있다. 다음의 짧은 이야기가 보여주듯 그 역할의 경계는 가끔 명확하게 그어지지 않는다.

66 87세의 말기 유방암 환자 W부인이 '불안' 증세를 보인다고 해서 내가 병실을 찾았다. 상냥하고 호감이 가는 부인은 급성 육체적 통증도 없었고 증상 관리도 원만하게 이루어지고 있었다. 그래서 내가 뭐가 그리 불안하냐고 묻자 부인은 죽어가는 것과 죽음 뒤에 혹시 찾아올지 모를 일이 너무 무섭다고 대답했다. 이어 부인은 한 시간 가까이 자신의 전 생애를 이야기 했고, 나는 말을 끊지 않고 처음부터 끝까지 들었다. 이야기가 끝나자 부인은 한층 안정되었고, 우리는 헤어졌다. 나는 부인을 찾아갈 때 당연히 내 직업을 드러내는 상징들, 그러니까 이름표가 달린 흰색 가운에 청진기를 목에 걸고 갔다. 그럼에도 오후에 병동을 담당하는 성직자가 회진을 돌 때

부인은 이렇게 말했다고 한다. "뭐 하러 오셨어요? 신부님은 벌써 다녀가 셨는데."

이것은 얼핏 보면 그냥 싱긋 웃음 짓고 넘길 일화로 들릴 수도 있지 만, 좀 더 자세히 들여다보면 이 일화가 우리의 보건 시스템에 던지는 문제가 있다. 차분하게 들어주는 것 말고는 아무것도 한 일이 없는 의 사를 정신이 또렷한 환자가 자기도 모르게 다른 직업으로 오인했다면 그건 의사의 태도가 환자가 상상하는 의사, 특히 대학병원 의사와는 분명 달랐기 때문이다.

마무리 발언

영적 케어의 가장 중요한 사명은 다음과 같다. **우리 모두에게 바람직한 것은 자신의 유한한 삶에 대한 차분하고 냉정한 시각이다.** 그러려면 우리 가 소중하게 생각하는 것, 우리의 가치관, 우리의 확신, 우리의 희망에 대한 조용하고 반복적인 성찰이 필요하다. 이때 우리와 가까운 사람들 과 대화하는 것이 가장 좋다. 하지만 안타깝게도 우리 삶에서는 그런 일이 일찍 일어나는 경우가 드물다. 일어난다면 그때는 대개 너무 늦 었다. 그렇다면 지금 여기서 그런 성찰의 시간을 내보자![35] 어쩌면 이 런 성찰의 모토로서 아니면 그에 대한 기억으로서, 매일 일과 후 최종

명상까지 마치고 나면 선원에서 울려 퍼지는 아주 오래된 이 외침이
도움이 될지 모른다.

너희 모두 이 한 가지를 명심하라.

삶과 죽음은 엄중한 사안이다.

만물은 눈 깜짝할 사이에 스러진다.

항상 깨어 있으라.

한순간도 경계를 늦추지 마라.

한순간도 느슨해지지 마라.

5
명상과 중병

너희가 가진 모든 과학적 지식으로 말할 수 있을까?
빛이 영혼에 어떻게 들어오고,
어떻게 그런 일이 벌어지는지?[36]

— 헨리 데이비드 소로(1817~1862)

❝ 48세의 M씨는 루게릭병(ALS)을 앓기 전까지는 성공한 사업가였다. 갈수록 근육 감소와 마비 증상이 뚜렷해지는 루게릭병은 발병 2, 3년 안에 호흡 장애로 죽음에 이르는 불치병이다. 환자가 우리 응급실에 처음 찾아왔을 때 병은 이미 꽤 진전되어 있었고, 팔다리는 거의 마비된 상태였다. 그러니까 의학계에서는 보통 치료가 아닌 "간병이 필요한 상태"라고 부르는 환자였다. 그런 만큼 나는 그에게서 풍기는 편안하고 평화로운 느낌이 더더욱 놀라웠다. 언어 능력은 아직 온전해서 그는 내게 이런 이야기를 들려주었다. 확진 판단을 받은 뒤 심한 우울증에 시달렸고 자살 충동까지 느꼈다. 그런데 한 친구의 소개로 명상을 하게 되었고, 이후 삶에 대한 생각이 근본적으로 바뀌었다는 것이다. 그는 이렇게 말했다. "이상하게 들릴지 모르지만 저는 지금의 삶이 예전에 병을 앓기 전보다 오히려 낫다고 생각

합니다. 비록 몸은 이렇게 중증 장애를 안고 있지만 말입니다. 예전에는 사회적으로 성공했지만 늘 시간이 없었고 스트레스에 싸여 있었습니다. 하지만 지금은 시간이 많고, 무엇보다 이 시간 속에서 그저 살아가고 존재하는 법을 배웠습니다."

이런 말을 들으면 많은 사람의 첫 반응은 이 사람의 정신 건강에 문제가 있지 않을까 하고 의심한다. 어떻게 루게릭병을 앓기 전보다 병을 앓고 있는 지금이 더 행복하다고 말할 수 있을까? 이 병을 아는 의사라면 루게릭병 판정이 당사자에게 즉각적인 자살 충동을 불러일으킨다는 것을 안다. 엄밀하게 말해서, M씨의 그런 말은 의료인으로서 우리의 전체 가치 체계, 우리의 치료 윤리와 행위 윤리를 부정하는 것이다. 그래서 우리는 그것을 곧장 병적이라고 판정 내린다. 그러나 M씨는 어떤 형태의 정신병 징후도 보이지 않았다. 오히려 매우 편안해 보였다. 대화를 나눌 때도 되도록 상대의 기분을 맞추려고 하는 것이 보였다. 이후의 대화에서 M씨는 이렇게 솔직하게 말했다. 자신이 말 그대로 반드시 '더 행복하다'고 느끼는 것은 아니라고. 육체적 아픔, 점점 심해지는 호흡 장애, 언어 능력을 잃는 것에 대한 두려움, 이 모든 것은 그에게 매우 고통스럽게 의식되고 있었다. "하지만 중요한 건 바로 그거였습니다. 제가 그것을 의식하고 있다는 거였죠. 최소한 지금의 저는 제가 겪고 있는 것을 의식하고 있습니다. 예전에는 그러지 못했어요. 그래서 지금은 아주 작은 즐거움도 훨씬 강렬하게 누릴 수 있습니다."

공정을 기하기 위해 M씨 가족의 경제적 형편이 상당히 좋았고, 그래서 24시간 전문적인 간병을 받고 있다는 사실을 빼먹어서는 안 될 듯하다. 하지만 그것만으로 그의 놀랄 만한 내적 균형을 설명하기란 턱없이 부족해 보인다. 그와 비슷한 경제 조건을 갖고 있어도 자신의 병과 그렇게 잘 지내는 사람은 거의 없기 때문이다. M씨는 질병을 극복하는 방편으로 명상을 실시한, 내가 아는 첫 번째 환자였다.

" 지난 몇 개월 동안 M씨는 집에서 밤중에 인공호흡기의 도움으로 호흡을 했다. 그러다 낮에도 인공호흡기의 도움 없이는 호흡을 할 수 없을 정도로 악화되자 마침내 호흡기를 떼기로 결정했다. 기관 절개 인공호흡도 거부했다. 우리는 충분한 약물 투여로 임종 국면의 호흡 장애를 완화하기 위해 환자를 완화 병동으로 보내기로 결정했다. 그런데 놀랍게도 M씨는 아내 및 가족과 마지막 작별 인사를 나눈 뒤 깊은 수면에 빠졌고, 그 상태에서 의식 불명으로 들어가 몇 시간 뒤 호흡 곤란 없이 평화롭게 숨을 거두었다. M씨는 자신의 죽음을 통해서도 우리에게 명백한 신호를 보내주었다. 그 덕분에 그 전까지 인공호흡 상태의 루게릭병 환자들만 매우 조심스럽게 받아들였던 완화 병동과 루게릭병 응급팀의 협력 작업이 탁월하게 이루어지고 있다. "

M씨의 사례는 분명 특수하기는 하지만 결코 예외적인 경우는 아니다. 똑같이 루게릭병을 앓는 49세의 여성 환자 H씨는 몇 년 전 우리에게 자신이 아프기 전부터 명상을 해왔다고 이야기했다. 진단 이후에는 더 강도 높게 명상을 했다고 한다. H씨는 자신의 병에 무척 실용적으로 접근했고, 환자들의 자립 모임에도 참석해서 다른 환자들에게 긍정적인 영향을 주었다. 그 사이 H씨는 이 모임의 리더를 맡아 동료 환자들에게 명상 기법을 가르쳤고, 남다른 호응도 이끌어냈다.

미치 앨봄의 멋진 책《모리와 함께한 화요일Tuesdays With Morrie》에서는 루게릭병을 앓는 미국의 사회학과 교수 모리 슈워츠의 마지막 몇 개월이 그려지는데, 여기서 그는 대학 시절의 한 제자에게 몇 차례에 걸쳐 삶과 죽음에 관한 중요한 진실을 일러준다. 이 책은 미국에서 몇 년 동안 베스트셀러 목록에 올랐다. 모리 슈워츠는 루게릭병을 앓기 전부터 인간에 대한 깊은 이해와 휴머니즘을 가진 뛰어난 인간임이 분명했다. 그런데 병의 판정 이후 여생의 상당 부분을 명상을 익히고 실행하는 데 쓴 것은 특이하다. 이것이 병이 진전되는 와중에도 감탄스러울 만큼 평온과 침착함을 유지할 수 있었던 비결 중 하나가 아니었을까 싶다. 그의 평온과 침착함은 많은 독자들에게 감동을 안겼고, 나에겐 M씨의 사례를 떠올리게 했다.

명상이란 무엇인가?

일단 무엇이 명상이 아닌가부터 확인하는 것이 좋을 듯하다. 명상은 단순히 정신적 긴장을 풀어주는 기술이 아니다. 또한 불교 신자나 선승만이 제대로 시행할 수 있는 동아시아의 신비한 제식도 아니다(실제로 오늘날엔 서구에서도 기독교 교단과 공동체의 명상 전통에 주목하는 움직임이 많다). 더구나 명상은 병의 증상을 완화하기 위한 것이 아니고, 병의 진전을 막기 위한 것은 더더욱 아니다. 다만 인간이 자신의 병과 삶을 바라보는 방식을 바꿀 수 있는 것이 명상이다.

명상의 역사는 일반적으로 2,500년 전쯤에 시작된 것으로 추정되지만, 그보다 훨씬 더 오래되었을 개연성이 높다. 명상과 관련해서 세간에 가장 많이 알려진 것은 불교의 전통인데, 여기서 명상은 마음 수행의 핵심 역할을 담당한다. 하지만 명상적인 요소는 모든 거대 종교에서 발견된다. 특히 힌두교의 사두스sadhus, 이슬람의 수피즘sufism, 유대교의 하시디즘hasidism, 중세 기독교의 신비주의자들에게서 말이다.

명상에 관한 개념 규정은 정말 수없이 많다. 그중에는 실용적인 것도 있고, 시적인 것도 있고, 수수께끼처럼 모호한 것도 있지만, 명상의 진수를 제대로 알려주는 것은 찾기 어렵다. 명상에 관한 훌륭한 정의 중 하나는 이렇다. '지금 여기 있음'을 깨닫는 것이 명상이다. 다른 좋은 정의도 있다. 그저 '늘 깨어 있음'이 명상이다. 《선과 뇌Zen and the Brain》라는 멋진 책을 쓴 제임스 H. 오스틴 박사는 이렇게 말한다. "(명상은) 맑은 무념무상에 이르는 길이자, **깨어 있음의 맑은 상태가 일상으로 넘어가는 길**이다." 명상 방법과 관련해서는 일본의 도겐 선사(1200~1253)가 이런 말을 했다. "집착에서 벗어나라. …… 선과 악을 생각하지 말고, 옳고 그름을 판단하지 말고, 정신과 의지, 의식의 활동을 멈추어라. 모든 탐욕과 생각, 판단을 끊어라." 이번에는 티베트의 스승 잠양 켄체 린포체(1896~1959)의 말을 들어보자. "하나의 생각을 끊고 나면 다음 생각을 시작하기 전에 짧은 공백, 그러니까 잠깐의 틈이 있지 않은가? 그걸 보았다면 그 공백을 연장하라! 그게 명상이다."

명상은 포괄적인 의미에서 일단 경험해보아야 한다는 말로 정의 내릴 수는 없다. 명상은 우리에게 지금 이 순간의 아름다움과 소중함을 일깨우는 것 말고는 직접적인 '목표'가 없다. 만일 당신이 명상을 한다면 처음엔 당신 주변에서 일어나는 일들이 좀 더 강렬하게 다가오고, 당신이 당신의 생각과 감정에 집착하기보다 오히려 스스로 '중심에 서 있음'을 느끼게 될지 모른다. 또한 시간이 가면서 기쁨과 행복의 원천이 그러하듯 고통과 불안의 원인 역시 당신 자신에게 있음을 깨닫고, 마지막에는 당신 속에서 자신과 타인에 대한 사랑과 공감이 만개하는 것을 느끼게 된다.

기본 원칙이 동일한 여러 종류의 명상이 있다. 초월적 명상, 깨어 있음의 명상, 티베트 명상, 선 명상 같은 것들이다. 다양한 명상 기법을 여기서 상세히 설명하는 것은 불가능하다. 다만 존 카밧진의 책《마음챙김 명상과 자기치유Full Catastrophe Living》*가 내게는 큰 도움이 되었다. 이 책은 매사추세츠 대학병원에서 실시하는 명상에 토대를 둔 스트레스 해소법을 묘사하고 있는데, 누구나 따라할 수 있는 초보적인 명상법이 주를 이룬다.[37]

명상은 어떤 식으로 중병 환자들에게 도움이 될까?

자신이 치명적인 질병에 걸린 것을 아는 사람이라면 삶을 바라보는 시각에 급격한 변화가 생길 수밖에 없다. 그에 따라 장기 계획이나 목표를 포기하거나 수정해야 한다. 중병에 대한 적응은 자신이 중병에 걸린 것을 인정하기 전까지는 대체로 우울과 억압의 고통스러운 과정을 거친다. 이제 시간은 제한되고, 죽어가는 것은 헤쳐나가야 할 구체적 현실이 된다. 그런 현실을 받아들이는 것이 당연한데도 대부분의 사람은 죽어가는 것과 죽음과의 대면을 계속 미루기만 하다가 결국 너무 늦고 만다. 모든 위대한 영적 전통은 우리의 삶에 죽음을 포함시키는

---

* 한국어판 제목이다. 원제와 내용이 다르지만, 한국 번역본의 제목을 기준으로 삼았다.

것이 얼마나 중요한지 강조한다. 그에 대한 정말 아름답고 읽을 만한 책이 소걀 린포체의 《삶과 죽음을 바라보는 티베트의 지혜The Tibetan Book of Living and Dying》이다.

중병에 걸린 사람들은 왜 명상처럼 시간이 많이 소모되고 정신적인 노력을 기울여야 하는 일에 귀중한 시간을 쓰는 것일까? 대답은 간단하다. 진정으로 원하는 마음이 없으면 결코 그런 일을 하지 않으리라는 것이다. 대부분의 사람은 와병 초기에는 무엇보다 치료 가능성이나 아니면 최소한 생명을 얼마라도 연장할 수 있는 방법을 찾는다. 그러다 병이 진전되면 한 환자가 내게 이야기했던 것처럼 많은 사람들이 깨닫는다. 자신들에게는 "시간이 너무 없기도 하고 시간이 너무 많기도 하다"는 것을. 시간이 너무 없다는 것은 살날이 많지 않다는 뜻이고, 시간이 너무 많다는 것은 질병으로 대부분의 일상적인 활동을 할 수가 없다는 뜻이다. 신체 기능 상실과 타인에게 의지해야 하는 상황은 분노와 좌절을 부를 때가 많다. 하지만 명상에는 특별한 신체적 능력이 필요치 않다. 그저 온전한 정신과 약간의 시간, 확고한 의지만 있으면 된다.

앞서 언급했듯이 명상의 핵심 측면 중 하나는 내려놓기 또는 '집착 버리기'다. 우리는 늘 우리 삶의 유쾌하고 편안한 측면에 집착한다. 특히 그것을 잃을지 모를 위험한 순간에 말이다. 명상은 우리가 그것들을 내려놓고, 있는 그대로 받아들이도록 도와준다. 물론 중병 환자들에게 그것은 심리적으로 아주 어려운 문제다. 하지만 명상이건 다른 방법을 통해서건 그것을 해낸 사람들은 삶의 질에서 놀라운 비약을 경험한다.

생명을 위협하는 많은 질병의 경우 환자의 지적·감성적 능력은 죽을 때까지 유지된다. 그러나 이는 양날의 검이다. 의식이 온전하면 질병의 진행과 관련해서 늘 불안을 달고 살고, 마지막에는 "나를 도울 사람은 아무도 없다"는 식의 허무주의에 빠질 수 있다. 심지어 경우에 따라서는 목숨을 빨리 끊어달라고 부탁하기도 한다. 하지만 다른 한편으로 온전한 정신적 능력을 자신의 안녕을 위해 사용할 수도 있다. 그러면 병의 극복을 위해 적절한 전략을 짜고, 남은 삶 동안 자신뿐 아니라 가족의 삶의 질까지 높일 수 있다.

중병에도 불구하고, 아니 바로 중병으로 인해 정신적 성장을 이룬 것에 대한 좋은 보기는 필립 시먼스의 삶이다. 그가 쓴《소멸의 아름다움Learning to fall》은 불치병을 앓는 사람과 가족들에게 꼭 추천하고 싶은 책이다. 필립 시먼스는 루게릭병과 싸우는 가운데에도 명상의 도움으로 무한한 내적 평화를 얻고, 현실을 있는 그대로 받아들이는 데 성공했다. 이는 다음 인용문에서 잘 드러난다.

"우리가 인생의 덧없음을 받아들이면, 우리가 세상일에 대한 집착을 내려놓으면 우리에겐 뜻하지 않은 축복이 열린다. 우리가 죽어가는 것을 알고 있음에도 고요할 수 있다면, 심지어 어린아이의 얼굴을 들여다보면서 '꽃 같은 아이야, 꽃도 언젠가는 시들고 세상에서 사라질 거야'라고 용기 내어 말할 수 있다면, 우리가 죽음이 가까워진 것을 느끼면서도 죽음을 탄생의 권리처럼 인식할 수 있다면, 우리는 죽음이 더는 우리에게 두려움을 일으키지 않는, 우리의 삶에서 우리를 위해 준비되어 있는 영원의 크기를 경험할 저 머나먼 피안으로 벌써 건너가 있는 셈이다."

덧붙이는 말

지금껏 명상의 긍정적인 기능에 대해 이야기했지만, 이것이 중병을 앓는 모든 환자에게, 아니 최소한 대부분의 환자들에게 명상이 올바른 해결책이라는 뜻은 결코 아니다. 특정 환자나 가족에게 어떤 것이 '올바른' 방법인지는 미리 판단할 수 없다. 사전에 충분히 시험해보고 결정해야 한다. 보건 시스템 내에서 일하는 전문 인력은 비슷한 상황에서 이미 여러 환자에게 도움이 된 다양한 대안을 가지고 있다. 다만 명상이 일부 환자들에게 큰 도움이 되었던 건 의심할 바 없다. 이 장에서는 여러분에게 그에 대한 정보를 주는 것만으로 충분하다. 만일 명상이 당신에게도 좋은 방법일 것 같은 생각이 든다면 시험해보길 바란다. 그리고 원한다면 긍정적이건 부정적이건 당신의 경험을 내게 알려주었으면 한다. 미래의 다른 환자들을 위한 소중한 자료가 될 터이니 말이다.[38]

6

굶주림과 목마름?

말기 환자, 식물인간, 치매 환자에게 영양과 수분 공급의 문제

단순히 생물학적으로 목숨만 유지하는 것이 정말 치료의 목표가 될 수 있을까?
단순한 생명 유지가 인위적으로 영양과 수분을
무한정 공급하는 것에 대한 절대적인 근거가 될 수 있을까?

임종 단계에서 영양과 수분 공급은 지극히 감정적인 문제다. 그건 아마 인간이 태어나 최초로 애착을 경험하는 것이 대체로 배고픔과 목마름의 충족을 통해서고, 그로써 영양 문제는 인간 실존의 가장 깊은 곳을 건드리기 때문일지 모른다. '굶주림'과 '목마름'의 문제는 종종 공포의 유령처럼 묘사됨으로써 죽어가는 국면에서 인위적인 영양 공급과 수분 공급의 장단점에 대한 객관적인 토론을 방해할 때가 드물지 않다. 이와 관련해서 독일의사협회는 2004년에 이미 의료적 임종 동행의 원칙을 적절하게 밝혔고, 2011년에 이를 확증했다. "도움의 본질은 완화 치료적 차원에서 환자에게 생명 유지에 필요한 것을 공급하고, 그와 함께 기본적인 간병에 필요한 것을 지원하고 보살피는 데 있다. 이때 영양물과 수분 공급은 항상 포함되는 것은 아니다. 죽어가는 사람에게는 그것도 큰 부담일 수 있기 때문이다. 그러나 주관적 감정으로서 느끼는 굶주림과 목마름은 채워져야 한다."[39]

건강한 사람과 죽어가는 사람의 영양 결핍과 수분 부족

영양과 수분 공급이 끊긴 상태에서 죽어가는 것에 대한 우리의 상상은 주로 세계의 가난한 지역들에서 나온 사진과 정보로부터 영향을 많이 받는다. 영양실조와 수분 부족이 건강한 사람에게 미치는 영향은 〈표 6〉으로 요약된다.

그런데 이러한 무시무시한 증상들도 임종 단계에서는 별 의미가 없다. 여기서 중요한 것은 오히려 다음 문제다. 죽어가는 사람이 더 이상

〈표 6〉 건강한 사람에게 나타나는 영양실조와 수분 부족의 결과들

스스로 영양과 수분을 섭취할 수 없다면 극심한 허기와 갈증으로 고통받을까? 이것을 막으려면 영양과 수분을 인위적으로 공급해야 할까? 두 경우 다 답은 'No'이다.

삶의 마지막 국면에서, 특히 고령자의 경우 몸은 '일반적인' 양의 영양분조차 더는 제대로 분해할 수 없기에 공급에 비해 에너지 소비가 더 많을 수밖에 없다. 이른바 '이화작용적 물질대사 상황'이다. 이것은 칼로리가 아주 높은 음식의 공급으로도 바뀌지 않는다. 따라서 임종 단계에서는 체중 감소를 피할 수 없다. 그에 비하면 허기와 갈증을 달래는 데는 약간의 양분과 수분만으로도 충분하다. 죽어가는 국면의 환자는 일반적으로 배고픔을 느끼지 못한다.

임종 단계에서 갈증은 **공급되는 수분의 양이 아니라** 구강 점막의 건조 상태에 좌우된다. 구강 건조의 주원인은 약물, 진균증, 국부 방사선, 산소 공급 또는 구강 호흡이다. 그렇다면 임종 단계의 갈증 예방과 치료 역시 인위적인 수분 공급이 아니라 구강 건조의 원인 제거와 적절한 처치를 통해 이루어져야 한다. 그 방법론적 원칙을 정리하면 다음과 같다.

  – 구강 점막을 건조하게 하는 약물 기피
  – 구강과 입술의 철저한 관리

- 인공 타액

- 레몬/글리세린 기피

- 산소 기피

- 작은 얼음 조각

- 약간의 물(입안에 한 방울씩 떨어뜨려준다)

임종 단계에서 수분 공급을 줄이는 데는 많은 장점이 있다. 예를 들면 구토의 경감, 기침과 가래 감소, 폐와 복부 및 조직에 물이 차는 현상의 감소, 통증 감소 같은 것들이다.[40] 그 밖에 수분 감소의 결과로 모르핀과 비슷한 효과를 내는 엔도르핀이 뇌에서 쏟아지는 것이 확인되었는데, 이 신경 전달 물질은 통증을 완화하고 기분을 상승시키는 작용을 한다. **전체적으로 가벼운 수분 부족 상태에서 죽어가는 것은 생리학적으로 우리 몸에 가장 적은 부담을 주는 형태로 보인다.** 반면에 임종 국면에서 수분 공급, 그것도 불필요한 산소 공급과 함께 수분을 공급하는 것은 고통을 뚜렷이 증가시킬 수 있다. 이 부분은 7장에서 상세히 언급하겠다.

이와 관련해서 영양과 수분의 인위적인 공급이 중단된 요양원의 중증 치매 환자에 대한 네덜란드의 연구 보고서는 퍽 흥미롭다.[41] 이 보고서는 치매 환자에게 초점을 맞춘 고통 지수에 따라 작성되었는데,

이 지수는 환자와 원활한 소통이 불가능한 관계로 외부 관찰에 토대를 두었다. 그런데 이 지수에 근거해서 인위적으로 영양과 수분을 공급하지 않기로 결정한 이후 환자의 고통 상태는 지속적으로 개선되었고, 환자는 죽을 때까지 한결 나은 상태를 유지하는 것처럼 보였다.

이와 관련한 또 다른 자료는 영양과 수분 공급을 의식적으로 포기함으로써 적극적으로 생을 마감한 환자들을 죽음까지 동행한 호스피스 간호사들의 경험을 다룬 《뉴잉글랜드 의학 저널》의 보고서다.[42] 그런데 이것은 임종 국면과는 원칙적으로 다른 상황이었다. 즉, 이 환자들은 중병을 앓고 있기는 했지만 죽어가는 것이 아니었고, 다만 영양과 수분 공급의 중단으로 자신에게 아직 남은 시간을 단축하기로 의도적으로 결정한 것뿐이다. 307명의 간병 인력 가운데 102명이 이런 상황을 최소한 한 번 이상 경험했다고 대답했다. 나 역시 독일간병인협회에서 강연하면서 비공식적으로 설문 조사를 한 결과 간병인의 약 50퍼센트가 비슷한 경험을 한 사실을 확인했다. 그렇다면 이것은 자주 있는 일인데도 그에 맞는 주목을 받지 못하는 현상임이 분명하다. 《뉴잉글랜드 의학 저널》 자료에 따르면 해당 환자들의 85퍼센트가 15일 이내에 죽었다고 한다. 간병 인력은 이 환자들의 임종 과정을 0에서 9까지의 고통 지수로 평가했다(여기서 0은 참을 수 없을 정도로 끔찍한 죽음을, 9는 지극히 평화로운 죽음을 가리킨다). 그 결과 환자들의 평균치는 8이었다. 그건 곧 이 환자들이 대체로 무척 평화롭게 죽어갔다는 것을 의미한다.

이 자료들은 우리의 임상 경험과도 일치한다. 즉, 임종 국면에 처한 치매 환자나 의식 불명 환자의 경우, 개선 징후가 없거나 환자의 뚜렷한 의사 표시에 근거해 영양과 수분을 처음부터 인위적으로 공급하지 않거나 아니면 중간에 공급을 중단하자 예외 없이 평화롭게 죽어간 것이다. 게다가 영양과 수분의 인위적인 공급을 끊은 뒤로 환자의 고통 상태가 뚜렷이 줄어드는 것을 관찰할 수 있었다고 말하는 간병 인력도 많았다.

요약하자면 이런 자료와 경험들에서 다음과 같은 결론을 이끌어낼 수 있다. **일반적으로 임종 국면에서는 영양과 수분의 인위적인 공급이 이루어지지 않아야 한다는 것이다.** 그래야 자연스럽고 평화롭게 죽을 수 있는 최고의 가능성이 열린다. 의학계에서 늘 나오는 얘기처럼 예외 없는 규칙은 없다고 하지만, 그런 예외들도 하나하나 근거를 정확히 따져봐야 한다. 다음 사례는 인위적인 수분 공급이 항상 환자의 현 상태에 맞게 내려져야 하는 의학적 조치라는 사실을 잘 보여준다.

      88세의 부인이 대퇴 골절로 대형 병원 응급실에 실려왔다. 지병으로 심장판막증을 앓고 있었다. 골절 수술 후 환자의 상태는 심근경색으로 악화되었다. 환자가 특히 고통을 호소하는 것은 호흡 곤란이었다. 게다가 일반적인 몸 상태도 완화 치료팀에 도움을 요청해야 할 정도로 좋지 않았다. 곧 목숨을 잃을 가능성도 배제할 수 없는 상황이었다. X선 사진에 폐에 물이 찬 것이 또렷이 보였다. 완화 치료팀의 첫 질문은 환자에게 공급되는 수분의 양이었다. 환자에게는 매일 1,000밀리리터의 수액이 정맥을 통해 투여되고 있다는 대답이 돌아왔다. 환자의 심장병과 저체중 상태를 고려하면 좀 많기는 했지만 아직은 적절해 보였다. 그런데 진료 카드를 보니 환자는 수술 후 음식물을 삼킬 수가 없어서 영양제 1,500밀리리터를 액체 상태로 공급받고 있는 것으로 드러났다. 게다가 약도 삼킬 수가 없는 상태라 모두 정맥을 통해 투여되고 있었는데, 약 하나에 100밀리리터의 수액이 함께 제공되었다. 약의 종류는 많았다. 대표적인 것이 항생제, 진통제, 기관지 가래 해소제, 구역질 해소제, 수분 배출 촉진제였다. 여기서 수분 배출 촉진제는 무척 적절한 처방 같았다. 왜냐하면 이 약들을 투여하기 위해 필요한 수분 양에다 액체 상태로 공급되는 영양제를 더하면 3,050밀리리터나 되었기 때문이다. 그렇다면 환자에게는 총 4리터의 수액이 투여되고 있었다. 이로써 환자 상태가 왜 그렇게 악화되었는지 어렵지 않게 설명되었다. 수분 양을 4분의 1로 줄이자 환자는 빠른 속도로 호전되면서 호흡 곤란도 사라져 곧 회복실로 옮겨졌다.

인위적 영양 공급과 치매

중증 치매 환자가 운동 능력과 소통 능력을 상실하면 이후엔 스스로 충분히 영양을 섭취하는 자연스런 능력까지 상실한다. 심지어 외부에서 음식을 떠먹이는 것도 불가능하다(이것은 어차피 대부분의 요양 시설에서는 인력 부족으로 가능한 일이 아니다). 어쨌든 늦어도 이 시점부터는, 아니 간병에 드는 비용을 고려하면 그보다 훨씬 이전부터 인위적인 영양 공급이 시작된다. 복벽을 통해 위에 직접 호스를 연결해서 양분을 공급하는 방식('경피 내시경하 위루술' 또는 줄여서 PEG)이다. 이론적으로 보면 이런 환자들에게 PEG 방식으로 영양과 수분을 공급하는 데에는 여러 합리적인 목표가 있다. 예를 들면 다음과 같다.

- 생명 연장
- 영양 상태 개선
- 삶의 질 개선
- 욕창 치료
- 삼키는 부담의 경감

원칙적으로 보면 이 목표들은 하나하나가 모두 매우 바람직하다. 그러나 안타깝게도 이 문제를 다룬 과학적 연구들에 따르면 그런 PEG

방식으로는 중증 치매 환자에게 어떤 치료를 해도 목표를 달성할 수 없음이 밝혀졌다.[43] 오히려 감염 위험이 높아지고, 환자들의 사망률까지 뚜렷이 높아졌다. 그렇다면 **PEG 시술은 중증 치매 환자에게는 효과적이지 않을뿐더러 해롭기까지 하고,** 과학적 자료에 근거한 현대 의료 규칙에 따르면 사용하지 말아야 한다. 이 방면의 저명한 전문가인 보스턴의 볼리서 교수는 2004년에 벌써 이렇게 단언했다. "인위적 영양 공급의 해악과 이익 사이에 존재하는 이런 불균형을 따져보면 **원칙적으로 중증 치매 환자에게는 인위적 영양 공급을 실시하지 말아야 한다.**"[44]

그럼에도 독일에서만 PEG 시술이 해마다 10만 건이나 이루어지고 있다. 가장 많이 시행되는 대상은 요양원 환자들이고, 그중 70퍼센트가 치매 환자다. 7장에서 다룰, 임종 국면의 환자에게 수분과 산소를 습관적으로 공급하는 행태와 이 문제를 함께 고려하면 안타깝게도 다음 결론에 도달할 수밖에 없다. **현재 독일 병원과 요양원에서 좋은 뜻으로 시행되는 많은 것들이 고의는 아니라고 하더라도 결국 환자들의 평화로운 죽음을 적극적으로 방해하는 셈이다.**

대안은 없을까? 있다. 핵심은 임종 단계에서 불필요한 의료 조치를 그만두고, 자연스런 죽음을 허용하는 것이다. '사랑의 방치'라고도 불리는 그런 중단을 실천하려면 불필요한 의료 행위를 할 때보다 훨씬 더 많은 용기가 필요하다.

스위스는 이 영역에서 독일보다 한층 앞서 있다. 예를 들어 취리히에서는 환자의 삶의 질에 대한 지침이 제정되어 있는데, 그에 따르면 죽어가는 치매 환자들에게는 합당한 이유가 있는 특별한 경우를 제외하고는 PEG를 통한 인위적인 영양 공급이 이루어져서는 안 된다. 독일에서도 그사이 사고 전환의 첫 조짐이 나타나고 있다. 바이에른주 사회복지부와 간병위원회는 최근의 인식 변화를 수용한 '인위적 영양과 수분 공급에 관한 지침'을 마련해놓고, 양로원과 요양원 감독관들에게 이 지침의 철저한 준수를 요구하고 있다.[45]

식물인간 상태의 환자에게 영양과 수분 공급의 문제

식물인간 상태와 최소 의식 상태

임종 단계에 처한 의식 불명 환자의 운명과 관련해서 영양과 수분의 인위적인 공급이 어떻게 이루어져야 하는지를 두고 항상 격렬한 토론이 벌어진다. 여기서 의식 불명 환자란 지속적인 식물인간 상태의 환자를 가리킨다.[46] 이런 환자는 심각한 뇌 손상, 예를 들면 사고나 혈액 순환 장애로 인한 산소 부족으로 대뇌 활동이 완전히 멈춘 것이나 다름없다. 하지만 더 아래쪽 뇌 부분은 여전히 기능하고 있고, 그래서 호흡, 심장 박동, 수면과 깨어남의 리듬 같은 기본적인 신체 기능은 계속 유지된다. 신경학적 측면에서 보자면 식물인간 상태의 환자는 의식이 아예 없다. 의식을 관장하는 뇌 부분이 더 이상 작동하지 않기 때문이다.

식물인간 상태는 적어도 1년이 지났음에도 호전되지 않고 계속 의식 없이 누워 있는 상태를 이른다. 언론들은 언젠가는 깨어날지 모를 식물인간 상태의 환자들이 겪는 '욕창'에 대한 기사만 반복해서 쏟아내지만, 사실 이 사안을 정밀하게 들여다보면 3년 넘게 의식 없이 누워 있던 사람이 스스로 깨어났다는 믿을 만한 보고는 없다. 다른 한편으로 보자면 이런 환자들의 대부분은 애초에 식물인간 상태의 기준에 맞았던 것이 아니라 오히려 '최소 의식 상태minimally conscious state(MCS)'라는 조금 덜 심한 병을 앓고 있었다. 최소 의식 상태의 환자들은(최근의 인식에 따르면 지금까지 식물인간으로 진단받은 환자 중 일부도 여기에 포함된다) 매우 제한적이기는 하지만 여전히 의식이 있다는 것을 보여주는 신호가 많고, 예후도 더 낫다. 이 두 상태를 구분하는 것은 항상 쉽지 않지만, 미래에는 '기능적 영상술'(뇌 속의 물질대사를 확인할 수 있는 방법)의 발전을 통해 한결 수월해질 전망이다. 다음의 설명들은 회복이 불가능해 보이는(불가역적인) 식물인간 상태의 환자들에 한정한 것이다.

식물인간 상태의 환자에 대한 영양 공급 지침

앞에서 언급한 인위적 영양 공급의 원칙들을 식물인간 상태의 환자에게는 얼마만큼 적용할 수 있을까? 여기서는 우선 환자의 의지에 대한 정보가 없는 상태에서, 원칙상 식물인간 상태의 환자에게 인위적으로 영양과 수분을 공급하는 것이 의학적으로 꼭 필요한 일이냐는 문제가 제기된다. 이에 대해 독일의사협회 회장이던 외르크-디트리히 호페 교수는 2010년 6월 25일에 다음과 같이 공식적으로 천명했다.

"우리 의사들은 '의료적 임종 동행에 관한 독일의사협회의 원칙'에 따라 모든 형태의 적극적인 죽음 보조에 명확하게 반대 의사를 표한 바 있다. 이 원칙이 표명하는 것은 분명하다. 심각한 대뇌 손상과 지속적인 의식 불명 상태의 환자들, 그러니까 식물인간 상태의 환자들도 다른 모든 환자와 마찬가지로 의료 처치와 간병, 관심을 받을 권리가 있다. 따라서 인위적인 영양 공급을 포함해서 생명 유지의 치료술은 환자의 의사 표명이나 추정 의지에 따라 원칙적으로 제공되어야 한다. 환자의 의사를 명확하게 확인할 수 없을 때는 생명 유지가 절대적으로 우선되어야 한다. 인간이 오직 식물인간 상태라는 이유 하나만으로 더 이상 살고 싶은 마음이 없을 거라고 판단해서는 안 된다."[47]

이러한 의견 표명은 독일의사협회의 입장을 대변하고 있고, 그로써 독일의 의사들에게 어느 정도 구속력이 있다. 그러나 분명한 것은 이러한 입장이 결코 과학적으로 근거가 있는 것이 아니라 가치 판단의 문제라는 사실이다. 그건 다음 문구에서 명백하게 드러난다. "환자의 의사를 명확하게 확인할 수 없을 때는 생명 유지가 절대적으로 우선되어야 한다." 이 문장에는 처음부터 확고부동한 것으로 여겨지는 다음의 두 가지 시각이 전제되어 있다.

1. 식물인간 상태에서 환자의 의사를 확인할 수 없을 때는 생명을 유지하는 처치가 이루어져야 한다(거기엔 당연히 영양 공급도 포함된다).
2. 식물인간 상태의 환자는 아무리 예후에 변화가 없더라도 1번 규정에 따라 반드시 하나의 '생명'으로 인정되어야 한다.

이것은 기본적으로 다음 사실도 내포하고 있다. 식물인간 환자의 생명 역시 다른 모든 환자의 생명과 동일한 수준으로 보호받을 가치가 있다는 것이다.[48] 이런 태도는 기독교회, 그중에서도 특히 가톨릭교회의 생명 윤리적 가치로부터 전폭적인 지원을 받고 있다. 바티칸은 다음에 묘사될 이탈리아의 '엔글라로 사례'에서 식물인간 환자의 생명을 지키는 일을 단순히 생명권 차원을 넘어 신성한 의무의 수준으로 끌어올렸다.

북부 이탈리아의 작은 도시 레코에서 태어난 젊은 부인 엘루아나 엔글라로는 1992년(당시 21세) 교통사고로 심한 뇌손상을 입고 식물인간 상태에 빠졌다. 그녀의 아버지 베피노 엔글라로 씨는 딸이 병상에 누운 지 여러 해가 지났지만, 최소한의 의사소통이 가능한 수준으로 회복될 가능성이 없음을 깨닫자 법원에 소송을 제기했다. 사고가 나기 전까지 딸이 평소에 했던 말과 주변 인물들의 증언을 토대로 분명하게 재구성할 수 있는 딸의 의사에 따르면, 딸은 결코 이런 식의 삶을 원치 않으리라는 것이다. 바티칸은 아무리 딸의 의사라고는 하지만 영양과 수분의 인위적 공급을 중단함으로써 딸을 자연스럽게 죽게 하려는 아버지의 소망을 가리켜 여러 차례 "잔인하기 그지없는 비인간적인 살인 행위"라고 비난했다. 베를루스코니 정부까지 나서서, 아버지의 손을 들어준 대법원 판결의 집행을 막으려고 긴급 명령까지 내렸지만 결국 실패로 돌아가고 말았다. 결국 엔글라로 부인은 2009년 2월 9일 우디네에서 완화 치료의 동행을 받으며 평화롭게 숨을 거두었다. 이튿날 이탈리아 주교회의에서 발행하는 가톨릭 신문《라베니레 L'Avvenire》는 그녀의 아버지를 딸을 죽인 잔인한 '사형 집행자'로 명명했다.[49]

　　독일에서 이와 비슷한 주제로 토론을 벌일 때면 늘 큰 부담이 따른다. 나치 시대에 정신질환자나 지적 장애인을 10만 명 넘게 살해한 국가사회주의자들의 잔인무도한 '안락사 프로그램'이 먼저 떠오르기 때문이다. 이런 역사적 경험 탓에 독일에서는 '살 가치가 없는 생명'의 개념과 조금이라도 연결될 것 같은 토론은 애당초 국가사회주의의 잔혹함을 연상시키면서 그 싹부터 잘리기 일쑤다. 이런 상황을 충분히 이해할 수 있지만, 문제 해결에 반드시 도움이 되는 것은 아니다.

의료적 관점에서는 생의 막바지에 이른 환자를 전체적인 한 인간의 측면에서 바라보고, 아울러 현대 의학에 내재한, 개별 기관의 기능에만 집중하는 경향을 극복하려는 것이 바로 완화 의학이라 할 수 있다. 따라서 완화 의학의 관점에서는 한 사람이 외부와 더는 접촉할 수 없고, 타인과 소통이 장기적으로 불가능한 상태에 이른 것은 결코 사소한 문제가 아니다. 그렇다면 의학적으로 더 이상 회복될 수 없다고 명백하게 확인된 장기간의 식물인간 환자에게는 다음 문제가 자연스럽게 제기된다. 단순히 생물학적으로 목숨만 유지하는 것이 정말 치료의 목표가 될 수 있을까? 단순한 생명 유지가 인위적으로 영양과 수분을 무한정 공급하는 것에 대한 절대적인 근거가 될 수 있을까? 이는 앞으로도 계속 토론해야 할 문제다.

임종 단계에서 자주 나타나는 문제들

그런 문제로부터 우리를 지키는 방법

환자와 가족에게 무척 중요한 것이 있다.
그들이 고통 속에 고립되어 있지 않고,
사회복지 시스템에 얼마든지 도움을 청할 수 있으며,
친지들이 애도와 아픔을 잘 극복하리라는 믿음을 갖는 것이다.

이 장에서는 임종 단계에서 매우 자주 나타나는 잘못과 심중한 문제들 가운데 몇 가지 사례를 기술하고, 그에 대한 대응 전략을 제안하겠다. 이런 식의 개요는 당연히 전체를 아우르지 못하고 일면만을 비출 수 있지만, 그럼에도 중병 환자와 죽어가는 사람들을 돌보는 문제에서 지속적으로 변하는 현 상황을 반영한 것임은 틀림없다.

소통 문제

의사와 환자의 소통

많은 의사들이 임종 단계의 환자와 소통하는 것을 어려워한다. 심지어 일부는 무척 곤혹스러워한다. 오늘날 현장에서 일하는 의사들은 대부분 그와 관련해서 전문적인 교육을 받은 적이 없다. 의사들이 그런 대화를 부담스러워한다는 사실은 다양한 형태로 표출되는데, 그로 인해 환자들은 대개 의사란 늘 시간이 부족한 직업이라는 인상을 갖게 된다. 환자나 가족들도 의사의 그런 점을 아는 것이 중요하다. 특히 더 중요한 것은 그런 대화를 미리 철저히 준비하고, 의사와 환자의 원만한 대화를 위해 필요한 전제 조건들을 함께 충족시켜나가는 것이다.

의사와의 상담을 위한 조언

당신이 진단 내용을 전달받거나 이후 치료 방식을 결정해야 할 때처럼 환자나 가족으로서 담당 의사와 중요한 대화를 나눌 때는 다음 점들을 유의해야 한다.

1. 의사와의 상담에 당신이 신뢰하는 사람을 데려갈지 충분히 생각하라. 같이 가기로 결정했다면 당신이 고민하는 것과 당신이 의사에게 제일 궁금해하는 것을 그 사람과 먼저 충분히 상의하라.
2. 얼마나 오랫동안 상담할지 미리 의사와 시간을 정하라.
3. 당신이 중요하게 생각하는 질문들(세상에 '바보 같은 질문'은 없으니까 어떤 질문이든 좋다)을 종이에 적어 상담 시간에 갖고 들어가라.
4. 다인용 병실이 아니라 독립적이고 조용한 장소에서 상담하고 싶다는

점을 분명히 밝혀라.

5. 대화에 방해가 될 수도 있으니까 상담 중에는 의사의 무선 호출기를 꺼두었으면 좋겠다고 말하라.

6. (의사가 먼저 묻지 않는 경우) 당신이 아는 것과 짐작하는 것을 의사에게 이야기함으로써 대화를 시작하라. 그래야 의사는 당신이 지금 어떤 상태에 있는지 알 수 있다.

7. 당신의 불안과 소망, 걱정을 이야기하라. 의사가 당신을 이해하는 데 도움이 된다.

8. 의사의 말 중에 알아듣지 못하는 것이 있으면 바로 질문하라. 필요하면 여러 번 물어도 상관없다. 중요한 것은 당신이 의사의 말을 모두 이해하는 것이다.

9. 의사의 말을 글로 적어서 잘 보관하라. 우리 인간은 아무리 중요한 것도 생각보다 잘 잊어버린다.

10. 의사가 제안한 치료 전략 외에 다른 대안들도 모두 설명해달라고 부탁하라. 의사의 치료 방법에 대한 과학적 근거를 물어라. 그에 대한 연구나 치료 지침 같은 것이 있느냐고 말이다.[50] 또한 치명적인 말기 환자의 경우, 완화 치료만 받는 것이 좋은 대안이 아닌지, 심지어 생명 연장면에서도 좋은 게 아닌지 물어라.

11. 비의학적인 방법 중에도 도움이 되는 것은 없는지 물어보아야 한다. 예

를 들면 퇴원 후 환자들의 자발적인 자립 모임이나 심리 치료, 호스피스 서비스 같은 것들 말이다.

12. 마지막으로 다음 상담 시간을 정확히 정하라.

의사가 앞의 조건들을 모두 원만히 받아준다면 당신은 마땅히 큰 신뢰감을 안고 의사를 대할 수 있다.

가족의 소통

4장에서 설명한, 가족이 중병에 걸렸을 때 '상대방을 위해 서로를 속이는 상황'은 가족의 소통을 어렵게 하는 하나의 사례일 뿐이다. 다른 가능성도 살펴보자.

침묵의 공모 : 가족 구성원들은 서로 말을 나누고 정성스레 환자를 돌보기는 하지만, 환자의 죽음과 관련해서는 어떤 이야기도 하지 않으려 한다. 환자 본인이 직접 그 문제를 꺼낼 때도 말이다.

거부 : 가족들은 죽어가는 것과 죽음에 대한 이야기를 나누고 싶어 하지만(어쩌면 그와 관련해서 내려야 할 결정이 있을 수도 있다) 환자 본인이 그런 이야기에 단단히 차단막을 친다. 그러면 가족들도 더 이상 고집을 부리지 못한다. 다른 가족들의 눈에 혹시 무언가 개인적인 욕심 때문에 그런 이야기를 계속 꺼내려는 것으로 비치지 않을까 두렵기 때문이다.

갈등 : 가족 구성원들 사이에 환자와 관련해서 무엇이 좋은지를 두고 의견 차이가 존재할 수 있다. 예를 들면 환자와의 교류 문제라든지, 의사 선택의 문제라든지, 아니면 치료 방법과 환자를 어디로 모시고 어떻게 돌볼지에 관한 문제에서 말이다. 이런 차이는 처음엔 대놓고 발설하지 못하다가 결국 어느 시점에선가 터지게 마련이다. 그러면 여러 패로 나뉜 가족 구성원들은 환자를 자기편으로 끌어들이려 싸우고, 환자는 그런 갈등에 지쳐 입을 닫고 아예 누구와도 말을 하지 않을 때가 많다. 그럴 경우 가족 구성원들은 다들 상대 때문이라고 비난하고, 이는 임종 국면에서건 장례 상황에서건 가족 모두에게 큰 부담으로 작용한다.

이런 문제에서 쾌도난마식 해결책은 없다. 환자를 돌보는 사람들의 소통을 어렵게 하는 배경을 이해하려면 많은 인내와 대화가 필요하다. 공동의 대화건, 개별 당사자와의 대화건 말이다. 이런 소통의 어려움은 대개 당사자들의 관계와 가족사에 그 뿌리가 있기 때문에 단시간에 쉽게 바뀔 수 있는 것은 아니다. 그러나 소통 문제를 터놓고 이야기하는 것만으로도 기적이 일어날 수 있다. 따라서 완화 치료 시설과 호스피스에서는 그와 관련한 교육을 받은 사회복지사와 심리학자, 성직자의 역할이 상당히 중요하다.

이런 상황들에서 환자와 가족에게 무척 중요한 것이 있다. 그들이 고통 속에 고립되어 있지 않고, 사회복지 시스템에 얼마든지 도움을 청할 수 있으며, 친지들이 애도와 아픔을 잘 극복하리라는 믿음을 갖는 것이다. 그리되면 가끔 한 발짝 떨어져 '조감도'처럼 이 상황을 전체적으로 조망하는 것이 가능해진다. 이런 문제들이 생긴 것에 대한 자신의 책임까지 포함해서 말이다. 그 밖에 소통 문제의 배경을 이루는 남들의 근본적인 욕구로 시선을 돌리는 것, 다시 말해 잠시라도 상대의 입장이 되어보는 것도 도움이 될 수 있다. 그러려면 대개 친구나 치료사 같은 제삼자의 도움이 필요하다. 물론 그런 경우에도 모든 일이 그렇듯 행동보다 말이 쉬운 법이다. 다들 극단적인 스트레스를 받고 있는 상황이기 때문이다. 하지만 시도만으로도 충분히 가치가 있는 일이다.

간호팀 내 여러 직업군의 소통

중병 환자를 돌보는 일에 관여하는 여러 직업군, 특히 응급 영역에서 일하는 여러 직업군은 각자의 활동을 조율하지 못해 허둥대는 일이 드물지 않다. 그에 따른 결과는 혼란이다. 지시는 제대로 전달되지 못하거나 이행되지 않고, 환자도 장시간 아무렇게나 방치된다. 그러다 어느 순간 여러 사람이 동시에 환자 주위로 몰려든다. 가족들은 제대로 계획을 짤 수가 없다. 그래서 이런 혼란 속에서 '구멍을 메우고' 모든 종사자를 연결하려고 계속 애쓴다. 그들이 해야 할 일이 아님에도 말이다. 어쨌든 그들은 이런 일들 때문에 가족의 역할을 제대로 수행할 수 없을 정도로 바쁘게 쫓아다닌다. 이는 가족과 환자 본인뿐 아니라 전체 간호 시스템에도 좋지 않다.

해결책은 이렇다. 가정에서 중병 환자를 돌볼 때 여러 직업군의 협력 작업은 전문가가 맡아야 한다. 따라서 특수 이동 완화 치료 서비스의 업무에는 그런 협력 작업의 조정도 포함되어 있다. 이는 현장에서 굉장히 도움이 되는 것으로 입증되었고, 가족과 가정의는 이를 적극 요구해야 한다.

잘못된 치료[51]

임종 국면의 갈증과 질식

환자의 요구에 따른 자발적 죽음의 합법화를 찬성하는 사람들이 설문조사에서 가장 많이 제시하는 근거는 임종 국면에서 생기는 고통스러운 증상에 대한 불안이다. 고통스럽게 목이 말라 죽어가는 것과 숨을 제대로 쉬지 못해 죽어가는 것에 대한 불안은 사실 사람들의 의식 속에 깊이 뿌리내려 있다. 의사와 간병 인력도 이를 두려워해서 이런 증상을 예방하려고 자동으로 다음 두 가지 조치를 취하는 것이 일반적이다. 즉, 목마름으로 죽는 것을 예방하려고 죽어가는 사람들에게 규칙적으로 수액을 공급하고, 질식사를 예방하려고 비강 캐뉼러로 산소를 공급하는 것이다. 이런 조치는 일단은 매우 인간적이고 이성적인 행동으로 보이지만, 안타깝게도 거기엔 두 가지 커다란 단점이 있다.

첫째, 그런 조치들은 효과가 없다. 임종 국면에서 수분 공급은 갈증을 줄이는 데 도움이 되지 않는다. 6장에서 설명했듯이 임종 국면의 갈증은 공급되는 수분의 양이 아니라 구강 점막의 건조 상태와 관련이 있다. 마찬가지로 죽어가는 사람에게 산소를 공급하는 것도 별 도움이 안 된다. 숨이 얕아지는 것은 죽어감의 생리학적 현상이지 호흡 곤란의 신호가 아니기 때문이다. 그렇다면 산소를 공급할 합리적인 이유가 없다. 그것은 완화해야 할 증상이 아니다.[52]

둘째, 그 조치들은 오히려 환자에게 해롭다. 이 두 조치가 단순히 원래 목적에 도움이 안 되는 것으로만 그친다면 그건 그렇게 나쁘지 않다. 사실 훨씬 비용이 많이 들어가는 다른 의학적 치료들도 그런 경우가 많다. 하지만 안타깝게도 위의 두 가지 단순한 조치에는 부작용이 있다. 비강 캐뉼러를 통한 산소 공급은 구강 점막을 건조하게 하고, 그로써 진짜 고통스러운 갈증이 생길 수 있다. 그것도 공급되는 수분의 양과 무관하게. 게다가 외부에서 공급된 수분은 다시 신장을 통해 배출되어야 한다. 신장은 임종 국면에서 가장 먼저 기능이 떨어지거나 아예 정지되는 기관이다. 그렇다면 외부에서 공급된 수분은 배출되지 못하고 우리 몸의 조직에 고인다. 특히 폐에 고인 수분은 폐부종을 일으키고, 그와 함께 호흡 곤란을 불러온다. **그렇다면 갈증과 질식으로 인한 죽음을 막기 위해 취한 조치들이 오히려 그런 고통스러운 증상을 일으키는 원인이 된다.**

의학적 과잉 치료

의사들은 일단 시작한 치료를 중단하는 것을 심리적으로 어려워한다. 특히 중병 환자에게 '아무런 의료 조치를 취하지 않는 것'은 더더욱 어렵다. 그것이 임종 단계의 환자에게 불필요하고, 심지어 부작용까지 나타나는 많은 치료를 마다하지 않는 주요 원인이다. 게다가 거기엔 상당히 수상쩍은 연구 결과를 토대로 많은 약물을 권고하는 제약업체들의 상술도 한몫한다.[53] 이건 종양학에서 두드러진 현상이지만 비단 이 영역에만 국한되지 않는다.

> 32세의 남성 환자는 상당히 공격적인 희귀 암을 앓고 있었다. 병은 이미 말기였고, 수명도 얼마 남지 않은 것으로 보였다. 이런 상황에서 의사들은 '단클론항체'라는 막 허가된 신약을 권고했다. 환자는 동의했다. 우리 완화 치료팀이 조언을 위해 암 병동으로 갔을 때 환자는 종양으로 극심한

통증에 시달리고 있을 뿐 아니라 신약의 부작용(설사, 메스꺼움, 구토, 가려움을 유발하는 피부 발진)으로도 고통받고 있었다. 완화 의학의 관점에서는 증상 완화를 위해 무엇보다 코르티손(부신피질호르몬제) 치료가 시급해 보였다. 그러나 담당 의사들은 우리의 조언을 받아들이지 않았다. 코르티손이 투여되면 신약의 효과를 해칠 수 있다는 염려 때문이었다. 결국 젊은 환자는 사흘 뒤 고통스럽게 숨을 거두었다.

지난 몇 년 사이 제약업계는 일부 경미한 효과만 있는 무척 비싼 암 치료제를 잇달아 시장에 내놓았다. 위의 사례에서 언급한 단클론항체는 2011년에 독일에서 허가되었다. 이 약의 수명 연장 효과는 평균 3개월이었다. 그 시간은 완화 치료의 효과와 비슷했지만, 대가는 비쌌다. 삶의 마지막 국면에 처한 환자의 삶의 질을 급격하게 떨어뜨릴 심각한 부작용이 많았으니까 말이다.[54]

치명적인 질환을 앓는 환자들의 지푸라기라도 잡고 싶어 하는 심정은 충분히 이해가 간다. 그러나 지푸라기도 아닌 것을 지푸라기라고 권하는 것은 비윤리적이다. 이 지점에서 의사와 환자의 비대칭 관계가 극명하게 드러난다. 중병 환자들의 상처와 절망을 알고 있다면 무의미하거나 심지어 해로울 수 있는 대안을 제시하지 않고, 환자가 원할 경우에도 부작용을 명확히 설명하는 것이 의사의 의무다. 하지만 안타깝게도 여전히 일부 의사들은 정작 뒤에서는 입을 가린 채 자신이나 자신의 가족에게는 사용하지 않을 거라고 말하는 약품(예를 들어 화학 요법)을 환자들에게 추천한다. 물론 이조차도 환자들의 강한 치료 욕구에 부응하려는 좋은 뜻에서 시작하지만, 다른 한편으로는 무의식적으로 생명 연장의 다른 치료술이 없음을 환자에게 전달할 때의 무력감과 난감함에서 벗어나려는 마음도 어느 정도 작용한다.

치료의 덫에서 빠져나오기란 어렵다. 환자는 마지막 희망에라도 매달리고 싶어 하고, 가족들 역시 어쩌면 효과적인 치료 방법이 있는데도 환자에게 해주지 못했다는 후회의 마음으로 살기를 원치 않는다. 이와 관련해서 두 가지 전략을 제시해보겠다. 하나는 개별 경우를 위한 단기 전략이고, 다른 하나는 사회적인 차원의 장기 전략이다.

단기 전략: 의사가 특정 치료 방식을 결정했을 때 그것을 뒷받침할 만한 과학적 근거가 있는지 항상 물어보라. 또한 다른 대안으로는 어떤 것이 있는지도 물어보고, 동일한 상황에서 이 치료법을 의사 본인과 가까운 가족에게도 권하겠는지 물어보라. 그 밖에 다음에 소개할 '테멜 박사'의 연구를 의사도 알고 있는지 확인해보라. 말기 암 환자에게서 삶의 질뿐 아니라 수명과 관련해서도 완화 치료의 우월성을 증명한 연구이다. 그리고 가능하다면 완화 의료팀과 상담을 부탁해보라.

사회적인 차원의 중장기 전략: 의사들에게 완화 의학 분야의 더 나은 교육 기회를 제공하고, 일반 이동 완화 치료 서비스와 특수 이동 완화 치료 서비스를 강화하며, 중병 환자의 예후와 완화 의학적 연구를 집중 지원한다.

완화 의학에 대한 인식 부족

완화 치료 서비스와 관련해서 사람들이 무척 자주 하는 잘못은 여전히 너무 늦게 이 서비스를 찾는다는 것이다. 의사들은 병원에서 환자 가족이 완화 서비스팀과의 연결을 부탁하면 이렇게 대답할 때가 드물지 않다. "환자는 아직 죽어가는 게 아닙니다!" 혹은 "아직 써보지 못한 치료 수단이 남아 있습니다." 이런 대답에 깔려 있는 생각은 이렇다. 완화 치료는 정말 숨이 끊어지기 직전의 환자들이나 찾는 '저승사자'의 이미지를 갖고 있다는 것이다. 그러나 완화 치료가 되도록이면 일찍 실시되어야 한다는 것은 미국의 선구자적인 다음 연구가 잘 보여준다.

2010년 8월 세계에서 가장 권위 있는 의학 잡지인《뉴잉글랜드 의학 저널》에 보스턴의 하버드 메디컬 스쿨에서 일하는 제니퍼 테멜 박사와 동료들의 연구가 실렸다.[55] 말기 폐암 환자들을 두 그룹으로 나누어 비교한 연구다. 첫 번째 그룹은 줄곧 일반적인 방식으로만 치료했고, 두 번째 그룹은 조기에 완화 치료를 실시했다. 환자들의 그룹별 배치는 무작위로 이루어졌다. 그룹 간 비교에서 다음 결과가 나왔다. 조기에 완화 치료를 받은 그룹은 삶의 질이 훨씬 나았고, 우울증 발병 비율도 한결 낮았으며, 삶의 마지막 국면에서 화학 요법과 같은 공격적인 치료는 덜 실시되었고, 그것은 당연히 비용 절감으로 이어졌다. 이는 그 자체로 보면 그렇게 의외의 결과가 아니었다. 완화 치료가 삶의 질을 개선한다는 것은 이미 수백 건의 연구로 증명되었기 때문이다. 그런데 현대 의학의 관점을 바꿀 수도 있는 결과는 바로 다음 사실이었다. 대조 그룹과 비교해보니 완화 치료 그룹의 환자들이 **생존 시간에서도 뚜렷이 더 긴 것**으로 나타났다. 차이는 거의 3개월에 이르렀다. 만일 제약업계의 말기 폐암 연구에서 이렇게 생존 시간을 늘릴 수 있는 약이 개발되었다면 아마 획기적인 발명으로 주목을 받으면서 세계적으로 엄청나게 팔렸을 것이다.

여기서도 해결책은 대화다. 머잖아 독일의 모든 대형 병원에서 완화 치료 협진 시스템이 구축되리라 믿는다. 협진 서비스는 여러 전문 과목 의사들이 함께 참여해서 환자에 대한 최상의 치료와 공동 돌봄을 상의하는 전문 서비스다. 환자건 가족이건, 아니면 의사나 간병 인력, 성직자, 사회복지사건 할 것 없이 치명적인 질병의 경과를 봐가면서 완화 치료 서비스의 실시를 **조기에** 촉구할 수 있다. 늦어도 병의 경과가 죽음을 예측할 수 있는 수준에까지 이르면, 설사 죽음까지 몇 년은 더 걸린다고 하더라도 완화 의학과의 첫 번째 접촉은 되도록 빨리 이루어져야 한다. 완화 의학에서 무엇보다 중요한 것은 임종 동행뿐만이 아니라 질병과 함께 살아가는 것이기 때문이다. 앞에서 언급한 연구가 이를 인상적으로 잘 보여준다.

중병에 걸려 통증이 심한 상태에서도 집에서 간호받기를 원한다면 반드시 종합병원의 담당 의사나 동네 가정의에게 특수 이동 완화 치료 서비스를 요구해야 한다. 만일 이 서비스를 받을 조건이 충분한데도 보험공단에서 거부한다면 당연히 이의를 제기해야 하고 필요하다면 법적 조처도 강구해야 한다.

불필요한 진정 요법

병원에서 임종 단계의 환자에게 일어나는 일반적인 상황은 이렇다. 우선 의사가 환자를 '죽어가는 사람'으로 판정한다. 이 시점이면 대개 환자는 소통이 불가능하다. 깨어 있는 순간도 많고, 가끔 불안정한 상태로 소란을 피우기도 한다. 그런데 이런 식의 불안 증세나 다른 고통 신호들이 있건 없건 간에(그 원인을 찾는 것은 뒷전이다) 죽어가는 사람에게는 거의 자동으로 '모르핀 투입 펌프'가 설치된다. 이것은 정맥을 통해 모르핀 용액을 일정한 속도로 계속 혈액에 투여하는 작은 기구다. 이때 투여되는 표준량은 시간당 1밀리그램이다. 아마 측정하기 좋게 그렇게 설정해놓은 듯하다. 어쨌든 지금껏 한 번도 모르핀이나 그 비슷한 약물을 접해보지 못한 환자에게는 상당히 많은 양이다. 통증이 극심할 때 입으로 주입하는 모르핀 첫 투여량보다도 많다. 이 정도 양이면 환자는 지속적인 진정 상태에 빠져든다. 그러니까 깨어나기가 거의 불가능할 정도로 매우 깊이 잠든다. 그게 환자가 원한 일인지, 환자가 생전에 처리해야 할 일이 남아 있는 건 아닌지, 또 그런 불안 증세를 다른 식으로 없앨 가능성은 없는지, 이런 문제들은 전혀 고려 대상이 아니다.

죽어가는 사람은 안정되어 있어야 한다. 그래야 가족과 의사, 간호사를 비롯해 주변의 모든 사람이 안심한다. 더구나 입증된 바에 따르면 환자가 안정되어야 의사와 간호사들이 병실에서 보내는 시간이 확 줄어든다. 안정된 환자는 겉으로는 '잘 지내는' 것처럼 보인다. 물론 그걸 확인할 길은 없다. 환자는 어차피 말을 못하니까.

임종 단계에서는 실제로 완화 의학적 진정 요법이 필요한 상황이 있다. 하지만 그런 상황은 드물고, 그런 경우에도 모르핀과 다른 약을 사용한다. 따라서 임종 단계에서 왜 특정 약물을 투여하는지, 그때 어떤 증상을 치료하려고 하는지 정확하게 이유를 캐물을 필요가 있다. 불필요한 진정 요법은 속수무책 상태에서 외부의 도움에만 기댈 수밖에 없는 환자의 생활권을 극단적으로 제한하는 조처이기에 피해야 한다.

진통제로서의 모르핀: 너무 적게 사용하는가, 너무 많이 사용하는가?

심한 통증을 치료할 때 특히 응급 영역에서 계속 반복하는 잘못이 있다. 모르핀의 효과와 안전성에 대해 이미 수많은 자료가 나와 있음에도 의사들이 이 약물을 꺼린다는 것이다. 그러다 보니 모르핀은 일반적으로 동종 요법*에서만 사용된다. 모르핀이 중독성의 위험이 있다거나 치명적인 호흡 장애를 일으킬 수 있다는 이유로 말이다. 그러나 이 두 가지 위험성은 이미 완화 의학 연구에서는 배척된 지 오래다.

그런데 이런 모르핀 혐오에는 이면이 있다. 동네 가정의들이 모르핀 대신 제약업계가 대대적으로 선전하는 오피오이드** 패치를 무척 즐겨 처방한다는 것이다. 이 패치에는 예를 들어 펜타닐처럼 모르핀과는 다른 느낌으로 들리는 물질들이 함유되어 있는데, 단순히 몸에 부착한다는 '패치'라는 이름 때문에 우리 신체에 아무 해를 끼치지 않는다는 인상을 준다. 그러나 거기엔 두 가지 함정이 있다.

첫째, 펜타닐은 모르핀보다 효과가 약 100배는 더 높고, 처음에 처방하는 양도 모르핀의 하루 처방량인 60밀리그램을 넘을 때가 많다.

---

* 인체에 질병 증상과 비슷한 증상을 유발해 치료하는 방법. 건강한 사람에게 어떤 증상을 일으킬 수 있는 물질은 비슷한 증상이 있는 환자에게 매우 적은 양을 주어도 효과가 있다는 원리를 이용한다.
** 마약성 진통제.

그 결과 환자들은 강력한 진정 상태에 빠져서 계속 잠만 자고, 때로는 근육간대경련처럼 오피오이드 과다 복용에 따른 고약한 증상들이 나타나기도 한다.

둘째, 피부에 붙이는 패치로 약물을 투여하는 것은 편리하기는 하지만 발열이나 발한 같은 부작용을 유발하고, 그 작용 과정도 유연하지 못하다. 즉, 오피오이드가 피부에 스며들어 완벽하게 효과를 발휘하려면 12~16시간이 걸리고, 그 효과가 가라앉는 데도 다시 그만한 시간이 필요하다. 따라서 중병 환자에게 자주 발생하는 급변하는 통증의 경우에는 적합하지 않다.

이런 문제에 이익이 걸린 집단들에서 항상 지나치듯이 언급하는 논리가 있다. 독일은 다른 유럽 국가들에 비해 일인당 모르핀 사용량이 너무 낮고, 이는 통증 치료가 제대로 이루어지지 않고 있다는 간접 증거이므로 앞으로는 그에 대한 재정 지원이 한층 강화되어야 한다는 것이다. 그러나 이 논리를 댈 때 그들이 의도적으로 숨기는 것이 있다. 모르핀보다 훨씬 비쌀 뿐 아니라 대부분 안 써도 되는 온갖 종류의 합성 오피오이드 진통제가 세계적으로 매우 많이 사용되는 나라 가운데 하나가 독일이라는 사실이다. 거기에 낭비된 돈을 훌륭한 완화 치료에 사용할 수 있다면 환자와 가족에게는 훨씬 이익일 것이다.

호흡 곤란의 잘못된 치료

4장에서 서술한 것처럼 환자와 가족들이 그 어떤 심각한 통증보다 두려워하는 것은 호흡 곤란이다. 그로 인한 공포스런 상황은 호흡 곤란의 주관적 감정을 더욱 강화하고, 그것은 또다시 공포를 불러일으킨다. 이렇듯 '호흡 곤란-공포-호흡 곤란'으로 이어지는 악순환을 끊으려면 두 가지 약을 동시에 쓰는 것이 필요할 때가 많다. 호흡 곤란을 막는 약과 공포를 줄이는 약이다. 여기까지는 이해할 수 있다.

호흡 곤란을 막는 가장 효과적인 약은 모르핀이고, 공포를 줄이는 가장 효과적인 약은 벤조디아제핀이다. 여기서 문제가 시작된다. 거의 모든 의학 교과서에는 오늘날까지도 이 약들을 호흡 장애 환자들에게 사용해서는 안 된다고 적혀 있다. 이유는 분명하다. 이 약들이 때에 따라 죽음에까지 이르는 호흡 기능 장애('호흡 저하')를 일으킬 수 있기 때문이라는 것이다.

이런 잘못된 생각은 과학적으로 이미 오래전에 배척되었다. 호흡 곤란에서 모르핀의 효과와 안정성에 대한 첫 번째 자료는 1993년에 나왔다.[56] 2002년에는 제닝스와 그의 동료들이 이른바 메타 분석 방법으로 논문 열두 편의 내용을 요약 정리한 첫 결과물이 발표되었다. 그로써 호흡 곤란에서 모르핀의 효과와 안전성은 뚜렷이 입증되었고,[57] 이후 다른 많은 연구들에 의해 확증되었다. 그럼에도 호흡 곤란 증세에 모르핀을 사용하는 것을 불안해하는 의사들은 여전히 많다. 호흡 곤란을 현저히 줄이는 모르핀의 적정 투여량이 대개 통증 치료에 사용되는 양에 훨씬 미치지 못하는데도 말이다.

그렇다면 호흡 곤란이 있는 환자는 정말 올바른 약으로 치료해줄 것을 강력히 요구해야 한다. 반복해서 호흡 곤란이 찾아오는 환자들은 비상시에 대비해 이 약을 늘 가정에 갖추어두어야 한다. 가족들도 환자에게 호흡 곤란이 발생했을 때 증상 완화까지 쓸데없이 시간을 허비하지 않으려면 이 약을 피하에 주사하는 방법을 숙지하고 있어야 한다. 급성 호흡 곤란은 즉각적인 처치가 필요한, 통증보다 훨씬 위급한 비상 상황이다. 이것이 제때 이루어지지 않으면 다음과 같은 치명적인 결과가 생길 수 있다.

" 아직 젊은 나이의 환자는 말기 폐암을 앓고 있었다. 그는 본인의 소망에 따라 퇴원했고, 사흘 뒤 한밤중에 구급차에 실려 다시 응급실에 왔다. 상태는 악화되어 있었다. 환자가 가장 고통스러워하는 것은 호흡 곤란이었다. 그런데 응급실 담당 레지던트는 호흡 곤란에 효과적인 약을 서둘러 투여하지 않은 채 환자를 입원시키는 것 말고는 다른 방법을 찾지 못했다. 전문의가 환자 상태를 확인해야 했지만, 일단 그럴 시간이 없었다. 병실에 옮겨진 환자는 야간 근무 간호사를 호출했다. 한 번, 두 번, 세 번. 그사이 호흡 곤란은 더욱 심해졌고, 환자는 완전히 공황 상태에 빠졌다. 세 번째 호출 벨을 누른 지 5분이 지났고, 마침내 간호사가 병실에 들어섰을 때는 환자가 이미 창문에서 떨어져 즉사한 뒤였다.

심리사회적 문제 / 심적 문제

어떤 도움도 받아들이려 하지 않는 사람들

남의 도움을 받지 않으려는 사람들은 완화 치료 환자와 가족의 심리사회적 돌봄에서 아주 큰 어려움으로서, 이동 완화 치료팀과 병동 완화 치료팀의 심리사회 분과에서 일하는 모든 사람을 지속적으로 좌절시키는 원천이다. 이들은 환자와 가족의 정신적·사회적 상황을 개선하고 안정화하는 데 많은 노력을 기울였고, 좋은 아이디어와 제안도 많이 개발했다. 예를 들면 간병 서비스, 이웃 돌봄 제도, 사회복지 서비스, 호스피스, 지원 단체와의 연결, 심리적 도움 서비스 제공 등이다. 그러나 이렇게 공들여 만들어놓은 도움 시스템을 당사자들이 그냥 거절해버린다. '모든 걸 혼자서 하고' 싶다는 것이다. 이렇게 고집을 부릴 때는 설득도 소용이 없다.

밖에서 보자면 자신을 망가뜨리고 해치는 길로 여겨지는 이러한 태도의 원인은 무엇일까?

환자 본인의 원인은 다음과 같다. 독립성 상실에 대한 불안, 사생활 상실에 대한 불안(외부인이 집을 찾아올 경우), 가장 믿을 만한 간병인 역할을 해주던 배우자의 상실에 대한 불안, 남의 도움에 기대는 것에 대한 수치심, 통제 상실에 대한 불안, '간병이나 받는 사람'이라는 사회적 낙인에 대한 불안 등이다.

가족의 원인은 이렇다. 간병하는 가족으로서 자신의 역할을 상실하는 것에 대한 불안(여기엔 남편이나 아내를 간병함으로써 배우자에 대한 평소의 죄책감을 상쇄하려는 마음도 작용한다), 이 역할을 다하지 못하는 것에 대한 불안, 외부의 사회적 압력에 대한 불안("그걸 혼자서 감당하지 못하고 남에게 맡겨?"), 친밀함 상실에 대한 불안, 그리고 때로는 가족이 환자를 직접 돌봄으로써 보험공단으로부터 받던 간병비 상실에 대한 두려움 등이다.

이런 불안들은 충분히 공감할 수 있다. 따라서 여기서도 도와주는 사람에게 필요한 것은 대결이 아니라("우리가 준비한 이런 정성스런 서비스를 감사하게 받아들이든지, 아니면 고생을 자처하든지 마음대로 하세요!"), 이해와 대화다. 목표는 무엇보다 도움을 거절하는 진짜 이유를 이해하고, 경우에 따라서는 그런 사정을 존중하는 것이다.

이런 상황에서 환자와 가족에게 도움이 될 만한 철학자 게르노트 뵈메의 사유를 소개해보겠다. 뵈메는 자기 결정권에 관한 논쟁에서 그보다 더 광범한 형식으로서 '주권'의 개념에 대해 이야기한다.[58] 자기 결정권은 내게 제공되는 모든 도움, 예를 들어 의료적 도움, 심리사회적 도움, 영적인 도움을 거부할 권리가 나 자신에게 있다는 것을 의미한다. 반면에 주권은 그것을 뛰어넘어 내가 이런 거부 가능성을 알고 있으면서도 내적 저항의 극복을 통해 외부의 도움에 나를 맡기고, 그 도움을 편하게 누리는 것을 의미한다.

자신의 욕구를 억압하는 사람들

남을 돕겠다는 마음에 너무 사로잡혀 있으면 자신의 욕구를 방치하는 일이 너무 쉽게 일어난다. 그건 환자와 가족뿐 아니라 전문적인 간호 인력과 자원봉사자에게도 해당되는 말이다. 여기서 욕구란 당연히 모든 종류의 욕구를 가리키지만, 특히 소홀히 하기 쉬운 것은 정신적인 욕구다. 이것은 배고픔 같은 육체적 욕구나 외로움 같은 심리사회적 욕구만큼 그렇게 직접적으로 인지될 수 있는 것이 아니기 때문이다.

타인의 욕구를 인지하는 것은 쉽지 않다. 그렇다면 자신의 욕구를 인지하는 것은? 사람들은 이런 생각도 한다. 환자를 돌보는 사람이 자신의 욕구를 충족시켜도 될까? 그렇다. 아니, 반드시 그래야 한다. 왜냐하면 자기 욕구를 억압할 경우 결코 과소평가할 수 없는 결과가 생기기 때문이다. 예를 들면 탈진과 무기력, 우울증, 그리고 최악의 경우에는 삶의 의미 상실 같은 결과들이다.

　도움을 주는 사람은 자신의 욕구를 제쳐두어야 하고, 간병하는 가족 역시 자신이 맡은 일을 제대로 수행하려면 '얼마 동안은' 자신의 욕구를 뒷전으로 밀어놓아야 하지 않을까? 그렇지 않다. 자신이 맡은 과제를 제대로 해내기 위해서라도 절대 그래선 안 된다. 건강 진흥과 긍정 심리학에 관한 연구들이 우리에게 되풀이해서 보여주는 것이 있다. 자신의 욕구를 내팽개칠수록 남을 도울 능력도 점점 사라진다는 것이다. **따라서 우리는 우리 자신을 잘 돌봐야 한다. 그렇지 않으면 남들도 머잖아 더 이상 돌볼 수 없기 때문이다.** 직업적으로 돌보는 사람이건 사적인 관계로 돌보는 사람이건 마찬가지다.

　중병 환자들도 자신의 욕구를 드러내지 않을 때가 있다. 대개 남에게 부담이 되지 않을까 하는 걱정 때문이다. 환자들의 이런 태도는 항상 바로 눈에 띄지는 않는다. 게다가 이런 환자들은 간병팀에게 인기가 많다. 상냥한 태도에 요구가 적고, 감사할 줄도 아는 사람이기 때문이다. 그러다 보니 이런 태도들 뒤에 숨은 절망은 잘 보이지 않는다. 이런 환자들에게는 이렇게 조언하고 싶다. 진정으로 자신을 돕고 싶어 하는 사람들을 좌절에 빠뜨리지 않으려면 자신의 욕구를 감추지 말라고. 간호하는 사람들 역시 환자의 억압된 고통을 암시하는 신호를 읽기 위해서는 늘 환자의 말에 유의하고 행동을 잘 관찰해야 한다. 주로 몸의 언어로 전달되는 신호들이다. 저녁에 그냥 말없이 환자의 침대 곁에 한동안 앉아 있는 것만으로도 놀라운 효과가 생길 수 있다.

임종 단계를 위한 준비

건강 대리인 위임장과 사전 연명 의료 의향서

사전 연명 의료 의향서와 건강 대리인 위임장의 결합,
자신의 소망과 생각에 대해 대리인·가정의·담당 의사와 상담하기,
이 두 가지야말로 임종 단계에서 자신의 소망이
실제로 존중받을 수 있는 최상의 조건이다.

"나이가 들수록 분별력이 생긴다." 이것은 다들 자주 하는 말이지만 일반화하기엔 위험한 테제다. 그러나 다른 건 몰라도 사전 연명 의료 의향서(줄여서 사전 의향서)만 놓고 보면 이 말이 맞는 듯하다. 2012년 독일호스피스연합회와 완화치료협회가 공동으로 실시한 설문 조사에 따르면 사전 의향서를 작성하겠다는 사람이 18~29세에서는 5퍼센트 에 그쳤지만, 60세 이상에서는 42퍼센트나 나온 것이다(〈표 7〉 참조).

이러한 경향은 뚜렷한 증가 추세다. 그 말은 곧 다른 집단과 현격한 차이로 죽음이 가까운 연령대에서는 둘 중 하나가 사전 의향서를 쓴다 는 것을 의미한다. 이는 임종 단계에 있는 환자들을 다루는 의료 현장 에 엄청난 변화를 초래하는 일이다.

〈표 7〉 사전 연명 의료 의향서를 작성하겠다는 사람의 연령대별 비율[59]

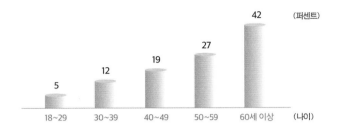

죽어가는 과정을 스스로 통제하고픈 욕구

사람들은 대부분 집에서 죽기를 원한다. 의료 기기에 연결되어 꼼짝도 못한 채 병원에서 죽어간다는 것은 상상만으로도 끔찍하다. 앞서 말했듯이 내 경험에 따르면, 어디서 죽고 싶으냐는 질문에서 집중 치료실을 선택한 사람은 특이하게도 거기서 일하는 의료인들뿐이었다. 그러나 여기엔 중요한 조건이 하나 붙어 있다. 그들은 예외 없이 다른 집중 치료실이 아니라 **자신이 일하던** 집중 치료실에서 죽고 싶다고 말하기 때문이다. 그것은 아마 장소의 익숙함보다는 죽어가는 과정을 스스로 통제하고픈 욕구와 관련이 더 큰 듯하다.

임종을 스스로 통제하고픈 욕구, 달리 표현해서 오직 생물학적 생명 연장에만 매몰된 인간 적대적인 의료 시스템에 자신을 '오롯이 내맡겨야 하는 상황'에 대한 공포는 임종 단계에서 내리는 결정에 중요한 영향을 끼친다. 사람들은 말기 단계에서 어떤 의학적 조치들이 사용되어야 하고, 어떤 것이 사용되지 말아야 하는지 스스로 결정할 수 있기를 점점 더 소망한다. 그런데 사전 의향서를 반대하는 사람들이 자주 대는 논거가 있다. 건강한 사람들은 임종 상황이 정확히 어떤 것인지 상상할 수 없고, 병을 가진 사람들도 예전에 말한 것과 다른 결정을 내릴 때가 많다는 것이다. 둘 다 맞는 말이지만 문제의 핵심을 잘못 짚었다. 사전 의향서는 당사자들이 실제 상황에서 자신의 의사를 제대로 표명할 수 없을 때를 대비해서 작성한다는 사실이다. 그런 상황에서 선택은 둘 중 하나다. 사전 의향서에 미리 밝혀놓은 의사를 받아들일지(물론 그 의사가 지금 누워 있는 환자의 의지와 100퍼센트 일치하지 않을 수도 있다는 점을 고려해야 한다), 아니면 제삼자에 의한 외부 결정에 따를지 하는 것이다. 대부분의 사람이 꺼리는 것은 당연히 후자다. 2009년 랄프 욕스와 그 동료들은 사전 의향서를 미리 작성한 400명을 조사한 뒤 이런 결과를 내놓았다. 건강한 사람의 3분의 2, 그리고 치명적인 질병을 앓는 사람의 4분의 3이 사전 의향서에 적힌 대로 해줄 것을 의사들에게 강력히 요구한다는 것이다. 사전 의향서의 내용을 포기한 사람들 가운데 거의 90퍼센트는 건강과 관련해서 자신이 사전에 권리를 일임한 대리인에게 결정권을 넘겼다. 10퍼센트 이하는 의사나 판사의 결정에 따르겠다고 했다.[60]

죽어가는 과정을 스스로 통제할 수 없으리라는 불안도 조력 자살 또는 촉탁 살인의 합법화를 찬성하는 이들에게는 아주 중요한 근거다. 그런데 이런 수단들로 죽음의 시점은 본인이 정할 수 있지만, 경우에 따라서는 외부 결정에 휘둘릴, 의외로 높은 수준의 가능성을 배제하지는 못한다(9장 참조). 그렇다면 통제 상실에 대한 공포에서 벗어날, 덜 위험하면서도 대부분 사람들의 욕구에 부응하는 방법은 '사전 의료 계획'의 작성이다.

사전 의료 계획

임종에 대한 사전 의료 계획은 최근 몇 년 사이 법적 타당성과 실질적 효과가 한층 명확해진 여러 요소를 아우르고 있다. 이 계획의 가장 중요한 도구는 **건강 대리인 위임장과 사전 의향서**다. 추가로 자신의 **가치관**을 작성해두는 것도 현장에서는 상당히 효과가 크다. 반면에 **후견인 지정 제도**는 그사이 의미가 상당히 약화되었다. 사전 의료 계획의 도구들을 다음에서 상세히 소개해보겠다.

임종을 위한 사전 도구들

건강 대리인 위임장

독일 법에 따르면 자신의 일을 더 이상 완전히 또는 부분적으로 스스로 처리할 수 없는 사람에게는 모두 법적 대리인이 필요하다. 일반인들 사이에 흔히 잘못 알려져 있는 것과는 달리 독일에서는 배우자를 포함해 가족이라고 해서 자동으로 대리인 자격을 얻는 것은 아니다. 예를 들어 치매로 인해 천천히, 혹은 뇌졸중이나 다른 중병으로 갑자기 뇌 기능에 손상이 생긴 상황에서는 성년후견 법원을 통해 후견인을 설정해야 한다. 단 당사자가 그 전에 합법한 절차로 건강 대리인을 선임한 경우는 제외하고 말이다.

따라서 우리는 건강 대리인 위임장과 함께 **우리가 더 이상 스스로 결정을 내릴 수 없을 때 우리를 대신해서 결정을 내려줄 사람을 미리 정할 수 있다.** 이러한 제도에는 어마어마한 장점이 있다. 성년후견 법원은 후견인 선정 과정에서 원칙적으로 아무 편견 없이 공평무사하게 판결을 내리기 때문이다. 그래서 당사자와 일면식도 없는 사람(이른바 전문 후견인)도 후견인에 선정될 수 있다. 물론 이 절차는 시간이 많이 걸리고, 비용도 만만찮다.

건강 대리인 제도는 대리인이 당사자의 전폭적인 신뢰를 받을 때만 의미가 있다. 대리인은 자신이 대리해야 하는 사람의 인물됨과 성격, 상황을 잘 알아야 한다. 왜냐하면 대리인은 원칙적으로 당사자의 추정 의사에 따르고 그의 안녕을 위해 행동한다는 면에서는 후견인과 전적으로 동일하기 때문이다. 물론 대리인은 자신의 임무를 언제든 거부하고, 필요하다면 후견인을 선정하게 할 수도 있다. 따라서 의료적으로 힘든 결정과 관련해서는 당사자가 대리인과 서로의 입장에 대해 충분히 대화를 나눈 다음 제삼자가 이 임무를 맡을 수 있다는 점을 분명히 하는 것이 바람직하다.

건강 대리인 위임장을 작성하는 것은 가족끼리 서로 쉽게 입을 떼지 못하는 문제, 즉 '죽음'에 대해 이야기할 수 있는 좋은 기회이기도 하다. 배우자들은 서로를 자신의 대리인으로 선정할 때가 많다. 혹은 자녀에게 대리인 자격을 넘기기도 한다. 그 밖에 오랫동안 곁을 지켜온 믿을 만한 친구도 좋은 선택이 될 수 있다. 여기서도 핵심은 당연히 신뢰다. 곧 보게 되겠지만 사전 의향서는 반드시 모두에게 해당하는 사안은 아니다. 반면에 스스로 결정을 내릴 수 없는 위중한 상황에서 자신의 운명을 스스럼없이 넘길 만큼 믿는 사람이 자신의 인생에서 최소한 한 명이라도 있다면, 그리고 그 사람도 그 역할을 흔쾌히 맡을 준비가 되어 있다면 **오늘 당장 그를 건강 대리인으로 선정하지 않는 것은 바보 같은 짓이다.** 내일 당장 무슨 일이 일어날지 아무도 모르기 때문이다.

중요한 건 또 있다. 건강 대리인 위임장은 반드시 서면으로 작성해야 한다는 것이다. 그러나 사전 의향서와 마찬가지로 공증은 필요하지 않다. 다만 부동산 영역처럼 공증을 법적으로 의무화해놓은 영역까지 대리하는 경우는 예외다. 은행 업무를 대리할 경우에는 은행에서 제공하는 양식에 따라 위임장을 추가로 작성하는 것을 꼭 추천한다. 왜냐하면 건강 대리인이 행정 양식에 맞게 위임장을 작성했더라도 은행이 그들을 금융 대리인으로 인정하지 않는 경우가 무척 많기 때문이다. 그렇게 되면 가족들은 몇 주 동안 예금에 전혀 손을 대지 못하는 무척 난감한 상황에 빠질 수 있다.[61]

후견인 지정 제도

후견인 지정 문서에는 의료 행위가 시급할 때 법적 후견인으로 자신이 누구를 원하는지 지정해놓을 수 있다. 그런데 이 문서는 건강 대리인 위임장 제도가 생기면서 의미를 잃었다. 왜냐하면 심각한 상황에서 발생할 수 있는 시간 낭비와 비용을 줄이려면 그 후견인 후보에게 즉각 건강 대리인의 역할을 맡기는 것이 한층 간편하고 유익하기 때문이다.

그런데 안타깝게도 노년층의 사회적 고립이 심화되고 도시 인구 밀집 지역에서 다인 가족이 점차 사라지면서 건강 대리인을 지정할 수 없는 이들이 점점 늘고 있다. 그 대신 자신의 후견인으로 절대 받아들이고 싶지 않은 사람들의 수만 점점 많아진다. 이처럼 누군가를 자신의 후견인으로 받아들이고 싶지 않다는 소망도 문서로 분명히 기록해 법원에 공탁할 수 있다. 이른바 '부정적' 후견인 의향서다. 이 역시 법원에서 구속력이 있다.

자신의 가치관[62]

사전 의향서의 효력을 보완하고 강화하려면 현재의 삶과 질병 상황, 개인의 가치관, 삶과 죽음에 대한 자신의 입장을 깊이 생각해서 문서로 남기는 것이 중요하다. 다음 질문들은 당신이 자신의 인생관과 가치관을 돌아보는 데 도움이 될 것이다.

- 당신은 지금껏 고통스러운 경험에 대해 어떻게 대처해왔는가? 남의 도움을 받아들였는가, 아니면 모든 문제를 혼자 수습하고 해결하려고 했는가?
- 남에게 폐를 끼치는 것에 대한 불안이 있는가, 아니면 남의 도움을 스스럼없이 받아들이는 편인가?
- 되도록 오래 살고 싶은가? 혹은 당신에게는 단순한 수명이 아닌 미래의 삶의 질이 더 중요한가? 만약 수명과 삶의 질을 둘 다 똑같은 수준으로 가질 수 없다면 당신은 삶의 질을 택하겠는가, 삶의 양을 택하겠는가?

- 남들의 장애는 당신에게 어떤 영향을 끼치는가? 장애에 대한 당신의 생각은 무엇인가? 정신적 장애와 신체적 장애에 차이가 있다고 생각하는가? 당신에겐 어떤 장애가 최악의 형태인가? 남의 힘을 빌리지 않고 혼자 살아가는 데 반드시 필요한 신체적·정신적 최소치는 뭐라고 생각하는가? 주변 사람들과 더는 대화를 나눌 수 없는 상태라고 하더라도 계속 살아갈 마음이 있는가?
- 당신의 삶에는 반드시 시간을 내어 해결해야 할, '아직 처리하지 못한' 일이나 과제가 많이 남아 있는가?
- 당신의 삶에서 종교는 어떤 역할을 하는가? 또한 죽음까지도 넘어서는 당신의 미래에 대한 기대에서 종교가 차지하는 역할은 무엇인가?
- 당신의 인생에서 우정과 인간관계는 어떤 역할을 하는가? 만일 당신이 건강이나 상황이 좋지 않을 때 친한 사람들이 당신을 찾아와주길 원하는가, 아니면 차라리 사람들을 멀리하겠는가? 죽어가는 사람과 동행할 마음이 있는가? 당신이 죽어갈 때도 그런 동행을 원하는가?

이제 당신에게 정말 중요하게 다가오는 질문들을 뽑아 충분히 생각하고, 그에 대해 가까운 사람들과 대화해보라. 그런 다음 당신의 중요한 생각들을 글로 적어라. 이 생각들을 모아 보충 설명서('나의 가치관') 형태로 사전 의향서에 동봉할 수 있다. 이는 한편으론 당신의 결정에 대한 진정성과 신빙성을 강조하고 개인의 신념을 분명히 하는 데 이용되고, 다른 한편으론 이렇게 글로 써놓은 가치관이 사전 의향서만으로는 해결이 안 되는 애매한 상황에서 당신의 법적 대리인이나 담당 의사가 당신의 뜻에 맞게 결정을 내리는 데 큰 도움이 될 것이다.

사전 연명 의료 의향서
그리 오래전 일은 아니지만 그사이 완전히 해결되었기를 바라는 한 과거 사례를 소개해보겠다.

> 노인이 염려하던 일이 실제로 일어났다. 노인은 뇌졸중으로 몸이 마비되었고, 외부와 접촉이 더 이상 불가능한 상태였다. 자율적인 삶으로 돌아갈 가능성은 없었다. 이럴 경우에 대비해서 노인은 사전 의향서를 작성해두었고, 그를 통해 자신은 어떤 형태의 생명 연장 조치도, 인위적인 영양 공급도 받지 않겠다는 의사를 명확히 밝혔다. 법원에 의해 보호자로 선임된 딸은 아버지의 뜻을 담당 의사에게 관철하려고 노력했지만 실패로 돌아갔다. 의사의 결정은 단호했다. 환자를 '굶겨 죽일' 수 없다는 것이다. 하지만 딸은 아버지를 언제든 집으로 데려갈 수 있었고, 실제로 그렇게 했다. 그리고 그 전에 의사를 상해 혐의로 고소했다. 노인은 퇴원한 지 며칠 되지 않아 집에서 평화롭게 숨을 거두었다. 의사는 그런 딸을 살인 혐의로 고소

하는 것으로 맞받아쳤다. 두 소송은 결국엔 중단되었다. 하지만 딸에 대한 고소가 중단된 것은 의사에 대한 고소보다 훨씬 오래 걸렸다. 아무튼 딸과 의사는 지금까지도 그때 일을 크나큰 상처로 기억하고 있다.

이런 사례들이 반복되면서 세기 전환기 무렵부터 사전 의향서의 법적 효력을 명확히 해야 한다는 여론이 일었다. 언론은 환자의 사전 의사가 의료진에 의해 무시되는 상황을 반복해서 보도했다. 의사들의 그런 행동에는 크게 보면 두 가지 이유가 있다. 환자에 대한 돌봄 의무를 잘못 이해했거나, 아니면 있을지도 모를 법적 책임에 대한 염려 때문이다. 어쨌든 몇 년에 걸친 정치적 줄다리기 끝에 마침내 2009년 독일에서 이른바 '사전 연명 의료 의향서 법'이 통과되었다.[63]

통과된 최종안은 사회민주당(SPD) 의원 슈튕커의 주도하에 발의된 법안인데, 여기에다 기독교사회연합(CSU) 췰러 의원이 대표 발의했다고 해서 '췰러 안'이라고 불리는 법안의 중요한 한 조항이 덧붙여졌다. 슈튕커 안은 기본적으로 지금까지의 판례를 모아 법조문 형태로 정리한 것이다. 그러니까 사전 의향서는 질병의 종류나 단계와 상관없이 그에 합당한 현실 상황에서는 구속력이 있고 실행되어야 한다는 것이다. 그러자 기독교계의 지지를 받는 보수주의 측으로부터 비난이 쏟아졌다. 그들의 주장은 분명했다. 사전 의향서의 적용 범위를 '돌이킬 수 없이 임종 과정으로 치닫는' 질병으로 국한해야 한다는 것이다. 말도 안 되는 요구였다. **다들 알고 있듯이 인생 자체가 이미 불가역적으로 죽음을 향해 나아가는 과정**이기 때문이다. 어쨌든 췰러 안에서 받아들인 중요한 조항은 '대화의 원칙'이다. 사전 의향서를 구체적 상황에서 실행할 때는 그 전에 담당 의사와 환자 보호자(대리인 또는 후견인) 사이에 환자의 의사에 대한 합의가 이루어져야 한다는 것이다. 이러한 '이중 통제 장치'는 환자의 의사를 일방적으로 해석할 여지를 차단하고, 그를 통해 환자에 대한 추가적인 보호 장치를 마련한다는 데 의의가 있다.

중요한 예외적 상황도 있다. 만일 사전 의향서에 다른 해석의 여지 없이 현 상황에 바로 적용할 수 있을 만큼 명확하게 표현되어 있다면 의사는 지체 없이 거기에 적혀 있는 대로 시행해야 한다. 이 경우 보호자나 대리인의 선임은 필요하지 않다.[64]

그렇다면 사전 연명 의료 의향서란 정확히 무엇일까? 기본적으로 그것은 **환자가 자신을 담당할 미래의 의사에게 보내는 의료 지침서**다. 그러니까 당신은 사전 의향서를 통해 미래의 의사에게 그가 무엇을 해야 하는지, 또 특히 무엇을 하지 말아야 하는지를 미리 정해놓을 수 있다. 이 차이는 중요하다. 사전 의향서에 적힌 **치료에 대한 구체적인 소망**은 좋은 근거가 될 수 있지만, 의료 처치의 자유권에 비추어보면 의사에게 미치는 구속력은 없다. 반면에 이런저런 치료를 하지 말라는 **거부**

의사는 명백하게 구속력이 있다.

사전 의향서에는 임종 국면, 치매, 식물인간 상태처럼 우선 그것이 적용되어야 할 특정한 임상 상황을 구체적으로 기술한다. 그런 다음 이런 상황에서 자신에게 어떤 치료가 행해지길 소망하는지, 어떤 치료를 거부하는지를 열거한다. 임상 상황과 자신이 거부하는 의료 조치를 정확하게 언급하는 것은 무척 중요하다. 물론 그렇다고 해서 사전 의향서에 일어날 수 있는 모든 질병 과정을 '담는' 것은 불가능하다. 따라서 건강한 사람에게는 우선 자신의 가치관을 잘 생각해서 적어둘 것과 되도록이면 당국에서 발행한 공인된 사전 의향서 양식을 사용할 것을 추천한다.

그 밖에 사전 의향서 작성 전에 **반드시 추천하는 것**은 가정의와의 상담이다. 가정의는 때에 따라 근거 없는 불안을 바로잡아줄 뿐만 아니라 사전 의향서를 자유롭게 작성할 경우 심할 때는 작성자에게 해롭게 해석될 소지가 있는 애매모호한 표현을 지적해줄 수도 있다. 사전 의향서를 쓴다는 것은 결코 사소한 일이 아니다. 당신이 어떻게 죽을지를 결정하기 때문이다. **따라서 당신이 서명하는 이 의향서에 당신의 임종 과정이 달려 있음을 항상 명심해야 한다.**

생명을 단축할 수도 있는 중병을 앓는 사람의 상황은 좀 다르다. 이 경우에는 임종 단계에서 기대할 수 있는 의료 조치들이 좀 더 구체적으로 한정될 때가 많다. 그러다 보니 한층 더 정밀한 사전 의향서가 가능하다. 하지만 이 경우도 담당 의사와 협의하에 작성하는 것이 바람직하다. 의사는 심각한 위기 상황에서 가능한 대안들을 설명해주고, 환자가 어떤 치료를 원하고 어떤 치료를 원하지 않는지 결정을 내릴 때 도움을 줄 수 있다.

사전 의향서 하단에 상담 의사의 서명을 붙여두는 것은 두 가지 이유에서 무척 중요하다. 첫째, 사전 의향서를 작성할 시점에 환자의 동의 능력이 서명으로 입증되고, 그로써 나중에 그것을 다시 의심할 필요가 없어진다. 둘째, 상담 의사는 나중에 환자가 실제로 위험한 상태에 빠져 사전 의향서대로 실행해야 할 때 그것의 해석으로 어려움을 겪는 의사들에게 소중한 자문 상대가 될 수 있다. 의사와 환자의 대화는 다음 사례가 보여주는 것처럼 원래 문서보다 훨씬 중요할 때가 드물지 않다.

> 심장병을 앓는 환자는 사전 의향서 작성을 위해 가정의와 네 차례 상담했다. 그런데 사전 의향서를 최종 작성하고 서명으로 마무리하기로 한 마지막 상담 시간을 이틀 앞두고 염려했던 심근경색이 찾아왔고, 그 여파로 심각한 뇌 손상이 생겼다. 환자는 집중 치료실에 입원했고, 우리는 완화 치료팀의 자격으로 환자를 만났다. 사전 의향서는 없는 상태였지만, 부인의

말을 통해 이 환자가 사전 의향서와 관련해서 가정의와 벌써 몇 차례 상담한 것이 밝혀졌다. 우리는 가정의와 대화를 통해 비록 서면으로 작성한 환자의 의사 표시가 없음에도 이런 구체적인 상황에 대한 환자의 평소 생각과 결정 배경에 대해 많은 것을 알게 되었다. 마치 환자가 남몰래 의향서라도 써놓은 것처럼 말이다. 이처럼 의사와 환자의 대화는 환자의 추정 의사를 성심껏 알아내고 그것에 효력을 부여하는 데 큰 도움이 된다.

TIP : 사전 연명 의료 의향서와 건강 대리인 위임장의 결합, 자신의 소망과 생각에 대해 대리인·가정의·담당 의사와 상담하기, 이 두 가지야말로 임종 단계에서 자신의 소망이 실제로 존중받을 수 있는 최상의 조건이다.

사전 연명 의료 의향서가 없다면 어떻게 해야 할까?

사전 의향서는 강제로 작성할 일도 아니고, 모두에게 반드시 해당되는 일도 아니다. 사전에 그런 문제들로 고민하느니 차라리 일이 닥쳤을 때 대리인이나 담당 의사의 결정에 맡기는 것을 더 마음 편하게 생각하는 사람들도 있고, 그 역시 당연히 타당하다.

사전 의향서가 없을 경우 어떤 치료 조치를 취할지는 환자의 구체적인 치료 소망이나 추정 의사, 예를 들어 환자가 지인들에게 구두로 표명한 생각 등에 근거해서 이루어져야 한다. 따라서 의사와 환자 보호자는 다음 질문의 답을 찾으려고 애쓴다. "만일 환자가 지금의 상황을 정확히 안다면 어떤 결정을 내릴까?" 이 질문에 답을 찾으려면 '예전의 구두 혹은 서면 표현들, 윤리적·종교적 신념, 환자의 평소 가치관'이 고려되어야 한다. 또한 "막대한 시간 지연이 초래되지 않는다면 환자의 가족과 신뢰 관계인들에게도 발언할 기회를 주어야 한다." 이처럼 다양한 경로로 정보를 수집하는 것은 환자의 추정 의사를 되도록 정확하게 알아내기 위해서다. 그런데 여기서 중요한 것은 대리인이나 가족이 환자와 관련해서 품고 있는 소망이 아니라 **환자 본인이 지금 이 상태에서 무엇을 원할 것인가** 하는 문제다. 이와 관련해서 나의 직접적인 경험을 하나 소개하겠다.

> 나의 부모도 장차 중병에 걸렸을 때 어떻게 대처할 것이냐는 질문이 자연스럽게 제기될 수밖에 없는 나이로 서서히 접어들었다. 우리는 벌써 수차례 그에 관해 대화를 나누었다. 특히 치매나 식물인간 상태 또는 뇌졸중 여파로 심한 뇌 손상이 생겼을 때 어떻게 할 것인지가 집중 논의 대상이었다. 그런데 아버지와 어머니의 의견이 확연히 갈렸다. 어머니는 외부와 소통이 지속적으로 불가능한 뇌 손상의 경우 모든 생명 연장 조치를 즉각 중지해주길 원했다. 반면에 독실한 가톨릭 신자인 아버지는 식물인간 상태

에서도 생명 연장을 위한 모든 의학적 조치를 계속해주길 바랐다. 두 분의 건강 대리인인 내게 이것이 의미하는 바는 분명했다. 내 부모에게 심한 뇌 손상이 찾아왔을 때 그게 아버지냐 어머니냐에 따라 완전히 다른 결정을 내려야 한다는 것이다. 이때 이 문제와 관련한 나의 개인적 입장은 전혀 중요하지 않다. 중요한 것은 건강 대리인의 개인적 소망이 아니라 환자 본인의 의사이기 때문이다.

환자의 추정 의사를 확인할 수 없다면 어떻게 해야 할까?

현장에서는 환자의 추정 의사를 확인할 수 없는 일이 허다하게 벌어진다. 가족 구성원마다 환자의 의사를 다른 식으로 추정하거나, 그에 대한 정보를 줄 만한 가족이나 친구가 없는 경우다. 이럴 때는 두 가지 방법이 있다. 환자의 상황에 비추어 의료적으로 시행할 조치가 단 한 가지밖에 없을 때는 그것을 하면 된다. 그게 의료 규정상 환자의 안녕을 지키는 최선의 길이다. 반면에 고만고만한 수준의 대안이 여럿 있을 경우에는 보호자나 건강 대리인이 결정을 내릴 수 있다. 응급 상황이거나 지체의 위험이 있을 때는 의사가 일단 생명 유지 조치부터 취해야 한다.

법원은 언제 개입해야 할까?

새로 제정된 법은 대리인의 결정을 법적으로 승인하는 문제에서 명확한 규정을 마련하는 동시에 소송의 편의를 제공했다. 환자가 어떤 의료 조치의 시행이나 중단 때문에 '사망하거나 장기적으로 건강을 심하게 해칠' 납득할 만한 위험이 있을 경우에는 원칙적으로 법적 승인이 필요하다. 하지만 환자의 의사를 해석하는 과정에서 대리인과 담당 의사 사이에 이견이 없을 경우에는 그런 승인이 필요 없다. 따라서 법정 소송은 **환자의 의사와 관련해서** 대리인과 의료진 사이에 의견 합의를 보지 못한 경우에만 가능하다. 현장에서 이런 일은 다행히 극히 드물어서 이 규정과 함께 임종을 송사로 해결하는 일은 거의 없다.

임종 단계의 결정을 위한 세 가지 황금률

지금까지 말한 것에서 단순하지만 매우 효과적인 세 가지 규칙을 끌어 낼 수 있다. 열거하면 이렇다.

> 첫째도 대화하고
> 둘째도 대화하고
> 셋째도 대화하라.

사전 의향서가 없던 심장병 환자의 사례처럼 무엇보다 중요한 것은 환자 당사자와 주변 사회, 즉 가족과 친구, 가정의, 담당 의사와의 대화다. **대화 없이는 좋은 결정도 없다.** 이런 대화는 최상의 경우 환자의 의사를 확인하는 과정에서 '대화의 원칙'으로 바로 이어지고, 그리되면 환자의 소망을 실제로 반영하는 결과로 나타난다. 이런 의미에서 사전 의향서는 **모든 참여자 사이의 대화를 보완하는 수단이 아니라 항상 그런 대화의 결과다.** 사전 의향서는 대화 과정으로 들어온 총체적인 사전 의료 계획의 일부로서, 거기에 적힌 내용을 온전히 실현하고, 삶의 마지막 국면에서 사람들이 염려하는 통제 상실에 대한 불안을 없애는 데 기여한다.

9

안락사란 무엇인가?

자기 결정권과 의료적 돌봄 사이에서

임종 단계에서 잘못된 의료 처치를 막는 최선의 길은
새로운 법을 제정하는 것이 아니라,
모든 의사에게 좀 더 철저하게 완화 의학 교육을 실시하는 데 있다.

독일에서 '안락사' 또는 '죽음 보조'*만큼 찬반이 뚜렷한 논쟁적인 개념은 없다. 또한 순수 언어적인 측면에서도 이 개념만큼 임종 단계에 대한 현실적 어려움을 생생하게 보여주는 말은 없다. 그렇다면 '안락사'란 무엇일까? 이 말 뒤에는 부분적으로 서로 모순되거나 배제하는 여러 의미가 숨어 있다. 개념적 스펙트럼은 호스피스의 임종 동행부터 존엄사와 조력 자살을 거쳐 촉탁 살인에까지 이른다. 그와 함께 이 개념이 어쩌면 해명보다 오히려 혼란을 일으킬 수도 있으리라는 생각이 든다.

독일 법학계와 법원은 안락사의 개념을 법률적 관점에서 세분화하

---

* 독일에선 보통 '안락사'를 '죽음 보조Sterbehilfe'라고 부른다.

려고 시도했다. 이렇게 해서 '적극적 안락사', '소극적 안락사', '간접적 안락사' 같은 하위 개념이 생겨났는데, 이 개념들에 대해 다음에서 간략하게 알아보도록 하겠다. 그러고 나면 실태를 좀 더 정확히 이해하기 위해 왜 새로운 개념이 필요한지 알게 될 것이다.

적극적 안락사

'적극적 안락사'는 환자 자신의 명시적 요구에 따라 그의 생명을 직접적이고 적극적으로 끝내는 것을 말한다. 그런데 이 행위는 독일 형법에선 '촉탁 살인'으로 규정되고, 형법 제216조에 따라 처벌된다.[65] 원래 '안락사Euthanasia'는 그리스어로 '좋은 죽음, 아름다운 죽음, 편안한 죽음'을 뜻하는데, 이것과 관련해서 사람들이 떠올리는 것은 대체로 두 가지다. 첫째, 네덜란드의 안락사 법이다. 이 나라에서 촉탁 살인은 특정한 형식적·내용적 조건 아래 의사들이 집행할 경우 1990년대부터 처벌이 면제되었고, 2001년부터는 법적 근거가 마련되었다. 둘째, 사람들이 안락사 하면 떠올리는 것은 독일 나치가 자행한 '안락사 프로그램'이다. 이는 합당한 근거가 있는 촉탁 살인이 아닌 무고한 정신질환자나 신체 장애인을 10만 명 넘게 살해한 대량 학살 프로그램인데, 집행자들 스스로 이를 가리켜 "무가치한 생명에 대한 말살 작전"이라고 불렀다.

'안락사' 개념이 이처럼 서로 아무 관련이 없는 두 방향으로 사용되고 있고, 그래서 사람들의 의식 속에 혼란을 일으키는 것은 분명하다. 게다가 국가사회주의자들의 야만적 행위에 대한 기억은 오늘날까지도 독일에서 안락사 논쟁에 부담이 되고 있다. 다시 말해 '안락사'나 '적극적 죽음 보조'의 개념이 불러일으키는 감정으로 인해 임종 단계의 결정에 대한 이성적 토론이 몹시 힘들어지는 것이다.

네덜란드와 벨기에서 가결된 것처럼 촉탁 살인의 합법화는 임종 단계에 있는 사람들의 자기 결정권을 강화하는 데 도움이 되어야 한다. 그런데 역설적이게도 상황이 정반대 방향으로 흘러가면서 법 규정이 오히려 원치 않는 외부 결정을 조장하는 위험한 결과로 나타나기도 한다. 다음 사례를 보자.

> 1994년 네덜란드에서 '촉탁 살인'이라는 제목의 다큐멘터리 영화가 상영되었다. 루게릭병으로 근육 마비가 온 한 환자의 마지막 나날과 안락사 과정을 보여준 영화였다. 환자는 최소한 열 가지 증상에 시달렸는데, 근본적인 치료는 불가능하지만 잠정적인 완화는 가능한 증상이었다. 대표적인 것이 호흡 곤란, 통증, 불안, 우울이었다. 의사 두 명이 따로따로 환자를 진료한 결과 안락사를 결정하지 않으면 환자가 "고통스럽게 질식사"할 거라는 소견을 내놓았다. 상황이 이렇다 보니 환자 역시 자연스럽게 안락사를

받아들였고, 그 과정은 카메라가 돌아가는 가운데 진행되었다. 다만, 문제는 환자가 받은 정보가 잘못되었다는 것이다. 루게릭병 환자는 90퍼센트 이상이 평화롭게 죽어간다. 그런 사실은 이 영화가 상영되던 시점에 이미 학술 논문집에 발표되어 있었다.[66] 심지어 루게릭병 환자가 평화롭게 죽어갈 확률은 일반인보다 높았고, 질식으로 인한 사망은 걱정할 필요조차 없는 일이나 다름없었다.[67]

이 사례에서 명확히 드러나는 것은 완화 의학적 지식이 없으면 임종 단계에서 오히려 외부 결정에 더욱 휘둘릴 수 있다는 것이다. 이유는 분명하다. 환자의 결정은 겉으로만 자율적일 뿐 실제로는 잘못된 정보에 기초한 타인의 결정이기 때문이다.

소극적 안락사와 의학적 요건

이른바 '소극적 안락사'는 법률적으로 '죽어가도록 내버려두는 것', 즉 구체적 상황에서 최소한 이론적으로 가능한 모든 생명 연장 조치를 포기하는 것을 의미한다. 생명 연장 조치를 하지 않거나 중단하려면 다음 두 가지 조건 중 하나가 충족되어야 한다. 첫째, 의학적 요건에 맞지 않아야 한다. 둘째, 사전 연명 의료 의향서처럼 이 조치들에 대한 환자의 명시적인 거부가 있어야 한다.

이 대목에서 '의학적 요건'의 개념에 대해 잠시 알아보고 넘어가자. 의학적 요건이란 환자의 의사와는 무관하게 어떤 의료 조치의 실효성에 대한 의학적 판단을 의미한다. 의사는 지금까지의 과학적 지식에 따라 현재의 임상 상황에서 환자에게 효과가 없거나 심지어 해로울 수 있는 조치들, 예를 들어 임종 국면에서 수분과 산소 공급 같은 조치들을 실시해서는 안 된다. 의학적으로 불필요한 일이기 때문이다. 환자의 의사를 확인하는 대화의 전제 조건으로서 이러한 의료적 판단의 필요성은 사전 연명 의료 의향서 법에도 반영되어 있다.[68] 효과가 없거나 해로운 조치들의 포기는 '소극적 안락사'가 아니라 그저 좋은 의학일 뿐이다.

'소극적 안락사' 개념을 다룰 때 큰 어려움은 상식적으로 판단했을 때 적극적 행위로 볼 수 있는 것도 거기에 포함된다는 데 있다. 예를 들어 인공호흡기를 중단하는 것은 돌아가는 기계를 멈춰야 한다는 점에서 적극적 개입이다. 그러니까 누군가가 전원 버튼을 누르거나 플러그를 뽑아야 한다는 것이다. 그런데 장시간 이어온 의료 행위도 치료를 받는 환자의 동의를 전제로 하고, 이 동의는 언제든 철회될 수 있다. 따라서 법률가와 윤리주의자들은 의료 조치를 아예 시작조차 하지 않든, 아니면 하다가 중단하든 두 행동에 차이가 있다고 생각하지 않는다. 맞는 말이다. 독일의사협회도 사전 연명 의료 의향서 법이 시행되기 전에 이미 같은 의견을 표방했다.[69] 그런데 '소극적 안락사' 테두리

안에서 무언가를 하는 것과 하지 않는 것을 동일하게 보는 것, 즉 전문가들 사이에서는 이미 국제적으로 너무나 명백한 이러한 동일시가 몇 년 전까지만 해도 아직 많이 알려져 있지 않았다. 그것도 누구보다 더 잘 알고 있어야 할 사람들에게 말이다.

2004년 독일 신경학 교수들을 상대로 실시한 설문 조사 결과, 행위 능력이 있는 환자의 명시적 요구에 따라 호흡기를 떼는 것도 촉탁 살인으로 잘못 알고 있는 사람이 절반이 넘는 것으로 드러났다. 피조사자의 47퍼센트는 임종 동행과 관련한 자신의 지식 상태를 '보통'에서 '나쁨'까지로 평가했는데,[70] 그것은 같은 시기 성년후견 법원 판사들을 상대로 이루어진 조사 결과보다도 좋지 않았다. 그러니까 신경과 교수의 절반가량이 '적극적 안락사'와 '소극적 안락사', '간접적 안락사'의 개념을 혼동하고 있었다. 특히 생명 유지 조치들을 포기하는 것이 아니라 중단하는 것과 관련해서 말이다.[71]

그럼에도 적극적인 치료 포기와 이미 시작된 생명 유지 조치의 중단 사이에는 중요한 차이가 있다. 그런데 이 차이는 법률적·윤리적 성격이 아닌 순수한 심리적 성격에 뿌리를 두고 있다. 즉 치료팀의 구성원들, 특히 의사와 간호사들은 의료 조치를 아예 시작조차 하지 않는 것보다 이미 시작된 의료 조치를 중단하는 것을 훨씬 더 부담스럽게 느낀다는 것이다. 그건 학술적으로 증명된 사실이다. 이 차이는 잘못된 (윤리적·법적) 차원으로 고양되어서도 안 되지만, 무시되어서도 안 된다. 왜냐하면 가족과 친구뿐 아니라 의사와 간호사도 환자의 죽음과 그에 대한 기억을 안고 계속 살아가야 하기 때문이다. 따라서 현장의 치료팀에는 그들의 불안과 걱정을 들어주고 환자의 죽음 이후에도 심리적·정신적 상담 프로그램을 제공하는 지원이 필요하다.

치료 행위를 '하지 않는 것 또는 적극적으로 하는 것'의 문제에서 혼란을 피하기 위해 독일연방 대법원은 2010년 6월 25일 이른바 '푸츠Putz 판례'를 통해 이 개념을 '치료 중단'이라는 용어로 대체하면서 다음과 같이 확정 지었다.

1. 치료 행위를 하지 않는 것을 통해, 또한 이미 시작된 의학적 치료를 제한하거나 종료하는 것(치료 중단)을 통해 이루어지는 안락사는 환자의 실제 의사 또는 추정 의사에 일치하고, 치료 없이 질병으로 인한 자연스런 죽음에 이르게 하는 데 도움이 될 때 정당하다.
2. 치료 중단은 치료를 하지 않는 방식으로도, 또한 적극적 행위로도 시도될 수 있다.

이로써 최소한 이 부분만큼은 마침내 법적으로 명확해졌다.

간접적 안락사

이른바 '간접적 안락사'의 근거가 되는 윤리적 원칙은 새롭지 않다. 토마스 아퀴나스(1225~1274)가 내세운 '이중 결과의 원리'(라틴어: actio duplicis effectus)가 그것이다. 이 원리에 따르면 하나의 행위는 그것이 원래 선한 목적을 위한 것이고, 부정적 부작용이 따르기는 하지만 그게 행위 목적이나, 목적을 위한 수단으로 의도된 것이 아니라면 도덕적으로 용납될 수 있다는 것이다.[72]

죽어가는 사람에게 모르핀 같은 강한 진통제나 벤조디아제핀(예를 들어 디아제팜) 같은 강한 진정제를 투여하는 것은 수십 년째 허용되지 않았다. 호흡 곤란 같은 부작용이 죽음을 더욱 촉진할 수 있다는 이유에서였다. 사실 이것은 틀린 이야기지만, 설사 맞다고 하더라도 이중 결과의 원리에 따라 허용되어야 하고, 실제로 독일 사법부에 의해 인정되기도 했다. 연방 대법원은 다음과 같이 판결했다. 만족할 만한 수준으로 통증을 완화할 다른 수단이 없을 경우, 뜻하지 않은 부작용으로 임종 과정을 단축할 수 있는 양이라고 하더라도 죽어가는 사람에게 진통제를 투여하는 것은 허용되어야 하고, 심지어 권장해야 할 일이다.[73]

우리 모두를 위해 좋은 소식이 있다. 미래에는 법적으로 기대지 않고도 '간접적 안락사'를 편하게 실시할 날이 오게 될 듯하다. 이와 관련해서 2003년 나이절 사이크스와 앤드루 손스는 완화 의학 연구에 관한 훌륭한 학술 논문을 발표했다.[74] 저자들은 총 3,000명이 넘는 환자를 조사한 17편의 논문을 일목요연하게 정리했는데, 그를 통해 명백한 결과가 나왔다. 개별 논문에서건 전체 논문들의 종합 분석에서건, 부분적으로 상당히 많은 양의 오피오이드(예를 들어 모르핀)나 진정제(벤조디아제핀)를 투여해도 생명을 단축한다는 증거는 나오지 않은 것이다. 심지어 한 논문은 임종 단계에서 의학적으로 필요한 진정제를 투여했더니 오히려 삶이 연장되는 효과가 나타났다고 보고하기도 했다.

이 자료들은 완화 치료 현장의 경험과도 일치한다. 즉, 어떤 원인에서건 매우 심한 통증으로 고통받던 환자가 대응 약물로 통증이 완화되면 생명이 단축되는 것이 아니라 오히려 연장되는 일이 나타난다는 것이다. 그와 관련해서 짧은 사례를 하나 소개하겠다.

66 집중 치료실에 있던 환자가 우리 완화 병동으로 이송되었다. 동료들은 심한 통증에 시달리던 환자에게 24시간 이내에 정맥을 통해 모르핀 투여량을 시간당 0에서 48밀리그램으로 늘려나갔다. 아마 독자 중에 의사가 있다면 이 수치를 보고 깜짝 놀랄 것이다. 매일 입으로 3.5그램의 모르핀을 투여하는 것과 같은 양이기 때문이다. 한마디로 어마어마한 수치다. 법의학자들은 이 정도 양이면 환자가 즉시 사망할 거라고 말할 것이다. 그러나 결과는 그렇지 않았다. 환자는 우리 병동으로 왔을 때 아직 스스로 호흡을

하고 있었다. 약간 느리기는 했지만, 자가 호흡이 가능한 상태였다. 환자는 모르핀 투여량을 100분의 1로 줄이자 고통이 충분히 완화된 상태에서 평화롭게 죽음을 맞았다.

이 사례는 모르핀이 매우 안전하고, 의사뿐 아니라 가끔은 검사나 판사도 갖고 있는 부분적으로 터무니없는 모르핀에 대한 공포가 근거가 없다는 사실을 인상적으로 잘 보여준다. 만일 이 약이 올바로 투여되기만 한다면 호흡 장애 같은 치명적인 부작용은 원칙적으로 걱정하지 않아도 된다.

2006년 독일법률가협회 정기총회에서 다음과 같은 제안이 나왔다. '생명 단축의 위험이 있지만' 의료 규정에 따라 실시된 '고통 완화 조치'는 처벌을 면제해주고, 그에 필요한 전제 조건을 법제화하자는 것이다. 올바른 방식으로 약물을 사용할 경우 현장에서는 거의 일어나지 않는 상황에 대해 그런 법적 규정이 따로 필요한지는 의심스럽지만, 의사들 사이에서도 여전히 진통제를 다량 투여하는 것은 위험하고, 그래서 금지되어야 한다는 잘못된 인식이 널리 퍼져 있는 것은 사실이다. 우리는 그런 무지가 임종 단계에서 잘못된 치료로 이어질 수 있다는 데서 출발해야 한다. 근본적으로 보자면, 임종 단계에서 잘못된 의료 처치를 막는 최선의 길은 새로운 법을 제정하는 것이 아니라, 모든 의사에게

〈표 8〉 '죽음 보조'의 대체 개념들

적극적 죽음 보조	··············	촉탁 살인
소극적 죽음 보조	··············	생명 연장 조치의 미실시 또는 중단
		(죽음 허용. 대법원 판결 용어: 치료 중단)
간접적 죽음 보조	··············	생명 단축의 위험이 있더라도 고통 완
(그 사이 낡은 개념이 되었다.)		화 조치 허용

좀 더 철저하게 완화 의학 교육을 실시하는 데 있다.

새로운 개념

독일어로 '안락사'를 뜻하는 '죽음 보조Sterbehilfe'라는 말은 독일에서
만 쓰는 특수한 용어다. 공식적 학술 언어인 영어를 비롯해 이탈리아어
나 프랑스어 같은 다른 언어권 어디에도 그와 비슷한 개념은 존재하지
않는다. 앞서 설명한 대로 이 개념은 단점이 많고 오해를 사기도 쉽다.
따라서 전문가들은 이구동성으로 '적극적 죽음 보조'(안락사), '소극적
죽음 보조', '간접적 죽음 보조'라는 개념을 버리고, 법률적·윤리적으
로 명확한 비감정적인 개념들로 대체하자고 제안한다(〈표 8〉 참조).

자살 도움(조력 자살Assisted Suicide)*[75]

임종 결정과 관련한 토론에서 오랫동안 주도적인 위치를 차지한 문제는 생명 유지 조치의 중단에 대한 허용, 사전 연명 의료 의향서의 효력 조건, 그리고 네덜란드의 안락사 법이었다(독일에서 이 법은 이구동성으로 거부되었는데, 내 생각에도 타당한 결정처럼 보인다). 그러다 최근에 강력하게 전면에 등장한 문제가 조력 자살이다. 이 개념은 오랫동안 촉탁 살인과 거의 같은 맥락에서 거론되었다. 두 개념에는 근본적인 차이가 존재하는데도 말이다. 조력 자살은 당사자가 예를 들어 치사량의 약물을 직접 복용함으로써 스스로 목숨을 끊는 방식이다. 이때 약물 준비처럼 자살을 위한 조건을 마련해주고, 이 일이 끝날 때까지 모든 과정을 관리해주는 제삼자가 존재한다.

1997년부터 특정한 조건에서 의사의 조력 자살을 허용한(촉탁 살인은 허용하지 않았다) 미국 오리건주의 대체로 긍정적인 경험에 자극받아 독일에서도 최근에 몇몇 저명한 법률가와 의사들이 비슷한 입법을 요구하고 있다.[76] 그것이 실제로 필요하고 의미 있는 일인지는 다음 절에서 논의하겠다.

---

* 우리나라에서는 '자살'이라는 말을 피해 '자의 임종 보조'라는 용어를 쓰기도 하지만, 이 책에서는 가장 일반적으로 쓰이는 '조력 자살'을 번역어로 선택했다.

의사에 의한 조력 자살은 필요할까?[77]

> 완화 병동에 들어온 한 젊은 환자는 치료가 불가능한 종양 때문에 극심한 통증에 시달리고 있었다. 통증은 1주일 만에 만족할 수준으로 잡혔다. 환자는 무척 만족해하며 우리에게 감사를 표한 뒤 퇴원했다. 그런데 얼마 안 가 스스로 목숨을 끊었다. 완화 의료팀은 당혹감을 감추지 못했다. "환자는 왜 우리에게 그런 이야기를 하지 않았을까?" 자살할 뜻을 미리 알고 있던 담당 간호사도 환자에게 똑같은 질문을 던졌다. "왜 이런 문제를 의사 선생님하고는 얘기하지 않으세요?" 충격적인 답이 돌아왔다. "어떻게 그런 이야기를 해요! 의사 선생님들은 나한테 아주 잘해주었는데. 그분들을 난처하게 만들 수는 없어요!"

이것은 현재의 토론에서 모범이 될 만한 사례다. 2010년 중반 의사들을 상대로 한 설문 조사에서 피조사자의 3분의 1이 의사의 조력 자살에 찬성한다고 답했다. 그러나 독일의사협회는 그런 행위를 강력히 거부한다. 심지어 2011년 6월 독일의사협회 정기총회에서는 그와 관련해서 의사의 직업 윤리가 더욱 강화되었다. 해당 문구를 보자. "(의사는) 환자가 스스로 목숨을 끊는 것을 도와서는 안 된다." 이것이 뜻하는 바는 분명하다. 환자의 자살을 돕는 의사는 의사면허증을 박탈당할 수 있다는 것이다. 하지만 이와 의견을 달리하는 의사들이 상당히 많다는 점을 고려하면 여전히 다음과 같은 물음이 남는다. 의사의 조력 자살은 윤리적인 면이나 법적인 면에서 허용될 필요가 있지 않을까?

독일의 자살률은 1980년 이후 점점 낮아졌고, 이제는 해마다 1만 명 이하에 머문다. 물론 이조차도 1,000명의 사망자 가운데 약 12명이 여전히 스스로 목숨을 끊는 셈이다. 교통사고 사망자, 에이즈 사망자, 마약 사망자, 폭력 범죄 희생자를 합친 것보다 많다. 자살률이 가장 높은 부류는 우울증을 앓는 사람들인데, 이 기저 질환은 얼마든지 치료될 수 있다는 전제에서 출발하기 때문에 조력 자살의 허용은 처음부터 배제된다.

조력 자살에 관한 토론이 집중되는 대상은 다른 환자 그룹, 즉 불치병 환자들이다. 이 환자들과 관련해서 자살 연구자들의 의견은 대체로 일치한다. 그러니까 중병이나 제한된 수명으로 인해 자살을 결정하는 것은 정신 질환 면에서도 별 문제가 없는 자율적 결정일 수 있고, 그렇다면 존중되어야 한다는 것이다. 극단적 고통을 수반하는 질병들은 언론을 통해 반복적으로 보도되는데, 이런 보도에서는 스위스의 조력 자살 같은 사례가 일부 소개되면서 곧장 일리가 있는 다음 질문으로 이어진다. 그런 제도가 왜 우리에게 있어서는 안 되는가? 이러한 주장 반대편에는 영리 목적의 조력 자살을 금지하는 여러 건의 법안이 제출되어 있고, 건강 보건 제도의 합리화 과정과 관련해서 매우 심각하게 받아들여지는 '윤리적 댐 붕괴'의 위험성에 대한 경고가 존재한다.

현재의 상황은 어떨까? 영국, 오스트리아, 이탈리아와는 달리 독일과 스위스에서는 환자 본인의 자율적 판단에 따라 자살을 돕는 행위는 처벌되지 않는다. 이는 형법의 논리에 따른다. 즉, (시도된) 자살은 그 자체로 처벌할 수 없기에 그에 대한 조력도 처벌할 수 없다는 것이다. 그럼에도 자살에 도움을 주는 행위는 독일 의사들에겐 직업 윤리적으로나 형법적으로 위험하다. 사법적 판단은 의사에게 환자의 생명에 대해 특별한 책임을 지우는 '치료 의무'에서 출발하기 때문이다. 결과는 모순적이다. 환자의 자율적 판단에 따른 자살일지라도 의사는 만일 환자가 의식을 잃으면 즉시 생명 구조 조치를 취해야 하기 때문이다. 그렇지 않으면 의사는 자살 방조 혐의로 5년 이상의 형에 처해진다. 그래서 환자 가족과 의사들은 법적인 처벌을 면하기 위해 죽음의 순간에 자살하려는 사람을 혼자 내버려두어야 한다.[78]

    57세 뇌종양 환자의 슬픈 이야기는 다른 극단을 보여준다. 이 환자는 뇌종양으로 이미 상당 부분 몸이 마비되었지만, 아직 정신적으로는 의사에게 자신의 생명을 단축해달라고 부탁할 정도로 멀쩡했다. 그런데 환자는 그런 소망을 발설하지 않는 것이 차라리 나았을 것이다. 왜냐하면 의사는 즉시 '자기 의지에 반하는 자기 파괴적 행위의 위험성'을 이유로 환자를 정신병동으로 옮겼기 때문이다. 결국 중병 환자는 생의 마지막 2주를 폐쇄 병동에서 갇혀 지내다 쓸쓸히 숨을 거두었다.

이런 사례들은 치료 의무의 법적 요건이 어떤 참담한 결과를 부를 수 있는지 잘 보여준다. 그로 인해 원래 자살 욕구를 의사들과 이야기하고 싶어 하고, 어쩌면 그 대안도 제시할 수 있을 환자들이 아예 의사에게 그런 이야기 자체를 꺼내지 않는다. 이유는 둘 중 하나다. 정신적으로 문제가 있는 것으로 여겨져 정신병동으로 옮겨질지 모른다는 불안감, 아니면 역설적이게도 의사들을 보호하려는 이타적인 욕구에서 말이다. 환자들의 이런 이타적 태도는 충분히 납득이 간다. 앞서 뮌헨 대학의 완화의료센터에서 조사한 결과에 따르면 중병 환자들은 가치관이 점점 이타적으로 변해가기 때문이다.[79] 사실 죽어가는 사람이 자신을 돕는 이들에게 짐이 되지 않으려고 애쓰는 행동에서 윤리적으로 질책할 만한 것을 찾기란 어렵다.

환자가 자율적인 판단으로 자살할 때도 의사는 치료의 의무를 다해야 한다는 주장은 생명 윤리적으로 보수적인 집단에서도 더 이상 동의를 받지 못하고 있다. 그건 프라이부르크, 슈트라스부르크, 바젤의 가톨릭 주교들이 공동으로 낸 다음의 목회 서신에 잘 드러난다. "의사들이 면밀한 양심의 검증 끝에 환자의 자살을 방해해선 안 된다는 판단에 이를 수밖에 없는 정말 고통스럽고 힘든 질병 상황이 있을 수 있다."[80] 그럴 경우 의사는 환자의 자살을 못 본 척 넘어가도 된다. 그렇다면 환자의 자살을 돕는 것도 허용되어야 할까?

미국 오리건주에서는 1997년부터 의사의 조력 자살이 법적으로 허용되었다. 의사들이 특정한 조건에서 치사량의 약물을 처방할 수 있게 된 것이다. 그런데 여기서 주목할 점이 있다. 이런 처방전을 받아놓고도 자살을 실행하지 않는 환자가 3분의 1이나 된다는 것이다. 그렇다면 이들에게 일차적으로 중요한 것은 자신의 마지막 삶에 대한 통제권을 스스로가 갖고 있다는 감정이고, 그로써 그들은 '죽음에 대한 일종의 보험'을 마련해두고 있는 셈이다. 아무튼 그럼에도 오리건주에서 의사의 조력 자살로 죽는 사람은 1,000명당 한두 명에 불과하다. 그건 완화 치료가 탁월한 방식으로 실시되고 있기 때문이기도 하다. 그런데 죽어가는 사람의 0.1퍼센트도 독일로 환산하면 1년에 800명이 넘을 것이다. 하루에 두세 명꼴이다. 스위스에서는 조력 자살이 의사가 아닌 디그니타스나 엑시트 인터내셔널처럼 정부의 간섭을 거의 받지 않는 비영리 단체에 의해 이루어진다. 2011년 6월 스위스 취리히에서는 이런 단체들에 의한 조력 자살을 금지하는 법안이 제출되었지만, 주민 85퍼센트의 반대로 통과되지 못했다.

의사의 조력 자살에 대한 명시적인 합법화를 반대하는 측에서는 그리되면 의사와 환자의 관계가 부정적으로 바뀔 거라는 논거를 댄다. 환자들이 조력 자살을 의사가 해야 할 일로 강력히 요구할 가능성이 크다는 것이다. 충분히 가능한 일이지만 증명되지 않은 이야기다. 필자에게는 오히려 다른 논거가 그보다 훨씬 중요해 보인다. 오늘날 독일 의사들의 입장에서는 환자에게 치사량의 약물을 처방하는 것보다 가정 방문과 가족과의 대화 등을 포함해 임종 단계의 환자를 완화 의학적으로 적절하게 보살피는 것이 수백 배는 더 힘들고 시간도 많이 잡아먹고 비용도 더 든다. 이러한 이해 갈등은 반드시 피해야 한다. 그러기 위해서는 수요에 맞춘 전면적인 완화 의학의 정착이 가장 좋다.

그런데 생명 단축에 대한 환자들의 모든 욕구를 제거하는 데 완화 의학의 확충만으로 충분할까? 어쨌든 완화 의학자들은 다른 의사들보다 조력 자살에 반대하는 비율이 한층 높다. 그리고 정치인과 생명윤리주의자들은 좀 더 자유로운 자살 규칙 제정에 반사적으로 거부감을 표하며 완화 의학의 확충을 부르짖는다. 좋은 말로 들리지만 과학적 자료와 임상 경험을 통해 명확히 드러난 바에 따르면, **최상의 완화 치료를 받더라도 임종 단계에서 충분히 공감할 수 있는 이유로 자신이 죽을 시간을 스스로 결정하고 싶어 하는 사람들도 존재한다.** 이런 사람들은 지하철로 뛰어들거나 밧줄에 목을 매는 것보다 더 나은 대안을 원한다. 고령자의 경우, 수분과 영양의 자발적 포기는 비공식적으로 상당히 높은 비율의 자살 방법이다.[81] 이런 식의 임종은 미국의 여러 연구에 따르면 무척 평화롭게 진행된다고 한다.[82] 물론 10~14일 정도 걸리는 임종 과정이 가족에게는 사뭇 고통스러운 시간일 수 있다.[83] 폭력적인 자살 형태는 더더욱 그렇다. 그렇다면 어떻게 해야 할까?

간단한 해결책은 없다. 네덜란드와 벨기에에서 시행 중인 합법화된 촉탁 살인은 기존에 드러난 자료만으로도 상대적으로 쉽게 거부해도 될 듯하다. 왜냐하면 무엇보다 그런 요구를 결코 명시적으로 드러내지 않은 사람들에게까지 촉탁 살인을 실시할 구체적 위험이 존재하기 때문이다. 이런 경우는 네덜란드에서 이미 증명된 바 있다. 그 때문에 독일에서는 촉탁 살인을 법적으로 금지하는 것이 옳다.

처벌을 받지 않는 조력 자살은 상황이 좀 다르다. 이 경우에는 환자가 자신의 판단에 따라 주도적으로 삶을 끝내기 때문이다. 그런데 이 문제와 관련해서 전체 상황을 직시하는 것이 도움이 될 듯하다. 임종 단계에 있는 1,000명의 환자 가운데 자발적 판단에 따라 스스로 목숨을 끊고 싶어 하고, 적절한 도움을 받지 않으면 고통스럽기 짝이 없는 삶을 사는 중병 환자는 한 사람뿐이다. 나머지 999명 가운데 12명도 마찬가지로 자살을 택하지만, 모두 잠정적으로 치료가 가능한 정신병에 의한 자살이다. 나머지 987명의 선택지에는 자살이 없다. 그들이 원하는 것은 훌륭한 의료 조치가 제공되는 인간적인 임종 동행이다.

　자살 소망을 품은, 정말 심각한 중병 환자 한 사람을 돌보는 것도 당연히 옳다. 한 사람 한 사람이 모두 중요한 존재이기 때문이다. 하지만 우리가 여기서 일반적인 해결책을 찾는 것이라면 그것이 정신병으로 인한 12명의 자살자와 나머지 987명의 임종 단계 환자를 비롯해 우리 사회 전체에 어떤 결과를 가져올지도 숙고해야 한다. 또한 그다음에는 비자발적인 자살 예방을 위해 최소한 그보다 열두 배나 많은 에너지를 쏟아야 하고, 마찬가지로 임종 단계에서 최상의 완화 치료와 호스피스 서비스를 위해 987배나 많은 시간과 에너지, 자원을 쏟아야 한다는 점도 인정해야 한다. 그리되면 우리 사회는 변할 것이고, 그와 함께 토론의 방향도 한층 단순해질 것이다.

10

완화 의학과 호스피스 케어

신화와 현실

완화 의학과 가장 교집합이 큰 분과는
마취학과나 종양학과가 아니라 바로 가정의학과다.
기본적으로 완화 의학은 임종 단계를 다루는
고도로 전문화된 가정의학이라고 봐도 무방하다.

현대적 완화 의학이건 호스피스 운동이건 그 뿌리는 시실리 손더스 부인의 선구자적인 위대한 활동에 있다. 독일에서 이 두 영역은 대부분 서로 독립적으로 발전해왔는데, 그에 따른 문제도 없지 않았다. 이 장에서는 완화 의학과 호스피스의 관계를 조명하고, 경제 논리가 주도하는 우리의 고도로 복잡한 건강 보건 시스템에서 신생 분과인 완화 의학의 어려움을 살펴볼 것이다.

완화 의학과 호스피스 케어

역사적 기원

'호스피스hospice'라는 말은 라틴어 '호스피티움hospitium'(순례자들의

시실리 손더스 부인(왼쪽)과 밸푸어 마운트 박사(오른쪽)

숙소)에서 나왔고, 1967년에 시실리 손더스 부인이 런던에 세운 성 크리스토퍼 호스피스가 현대적인 호스피스 시설로는 세계 최초였다. 그녀는 그곳에서 환자들을 돌보는 시스템을 '호스피스 의료'라고 불렀다.

'완화 의학'과 '완화 케어' 개념은 캐나다 의사 밸푸어 마운트가 처음 도입했다. 그는 1975년 몬트리올에 있는 로열 빅토리아 병원의 급성 환자 병동에 최초의 현대적 완화 치료실을 설치했다. '완화 의학' 개념이 새롭게 발전하게 된 토대는 캐나다 퀘벡주의 수도인 몬트리올의 특수성에 있었다. 퀘벡주의 공식어는 프랑스어였는데, 이 언어에는 호스피스라는 개념에 이미 다른 뜻, 즉 정신적으로 혼란을 겪는 고령자들을 위한 양로원이라는 뜻이 담겨 있었기에 시실리 손더스의 호스피스 의료에 해당하는 다른 명칭을 찾아내야 했다. 마운트 박사가 선택한 단어는 '완화palliative'(라틴어로 '외투'를 뜻하는 '팔리움pallium'에서 나온 말이다)였고, 프랑스-영어 버전으로는 'soins palliatifs/palliative care' 혹은 'médicine palliative/palliative medicine'이었다.

독일에서의 발전

독일에서는 1985년에 호스피스연합회가 처음 창설되었다. 뮌헨의 크리스토포루스 호스피스연합회가 그것이다. 그로부터 2년 전 쾰른 대학에서는 하인츠 피클마이어 교수의 선구적인 노력 덕분에 독일에서 최초로 완화 병동이 문을 열었다. 초기의 어려움 끝에 호스피스 시설과 완화 병동은 급속하게 성장했다. 그런데 이 과정에서 독일의 특수성이 일찌감치 부각되었다. 호스피스 환경과 완화 병동이 선명하게 분리된 것이다. 이 분리는 일차적으로 두 영역의 서로 다른 재정 조건에 그 뿌리가 있다. 그러니까 호스피스는 주로 기부와 자원봉사자 활동으로 유지된 반면에 완화 의학은 건강보험공단으로부터 재정 지원을 받은 것이다. 이런 서로 다른 토대를 바탕으로 호스피스와 완화 의학은 병존하기도 하고, 협력하기도 하고, 가끔은 경쟁하기도 했다. 이 분리

〈표 9〉 호스피스 시설과 완화 의학의 특징

	자체 홍보 내용	상대편에 대한 비난
호스피스 시설	자원봉사 활동 순수 이타적 동기 환자와 가족에 좀 더 밀착한다 정치적 영향력	자원봉사 활동에 대한 폄하 존경을 받지 못한다 육체적 증상에 집중한다
완화 의학	전문성 과학적 토대 고도의 시스템화 안정적인 재정 지원 정치적 영향력	비전문성 모든 '의료적인 것'에 대한 불신 의학적 연구에 대한 부정적 입장 '선한 인간 코스프레'

의 몇 가지 특징을 〈표 9〉로 정리해보았는데, 대조를 위해 단순화와 약
간의 극단화가 포함되어 있음을 고백한다.

두 영역에 대한 사람들의 인지도는 서로 무척 다르게 나타났다. '호
스피스' 개념을 제대로 이해하는 국민은 66퍼센트에 이르렀지만, 완화
의학은 28퍼센트에 그쳤다. 심지어 독일인의 10퍼센트 정도는 완화
의학 뒤에 '부드러운 임종 조력' 업무가 숨어 있다고 짐작했다.[84] 그렇
다면 완화 의학은 일반인들을 상대로 아직 많은 인식 개선 작업이 필
요해 보인다.

최근 몇 년 사이 독일에서는 내부 관계자들조차 혼란스러워하는 일련의 상황이 관찰되고 있다. 몇 년 전에 '독일호스피스재단'이 생겼다. 이 재단은 그럴듯한 이름과 몇몇 저명한 후원자 덕분에 꽤 많은 기부금을 확보했다. 하지만 그들 스스로 밝혔듯이 이 재단은 어떤 호스피스도 후원하지 않았다. 그러자 호스피스와 아무 상관도 없는 단체가 이런 이름을 사용할 수 있는지에 대한 비판이 제기되었고, 결국 이 단체는 2012년 '독일환자보호재단'으로 이름을 바꾸었다. 그 밖에 독일 호스피스 시설의 공식 대표 기구인 '전국호스피스연구회'는 그사이 '독일호스피스-완화연합회'로 개명했다. 완화 의료인들의 대표 기구인 독일완화의학협회로서는 썩 달갑지 않은 이름인 게 분명하다.

이 같은 상황의 배경에는 임종 동행의 확충을 위해 정부에서 제공하는 재원을 둘러싼 쟁탈전이 존재한다. 특수 이동 완화 치료 서비스 하나만 보더라도 독일 전국에서 해마다 약 2억 4,000만 유로의 돈이 투입된다. 그렇다면 이 문제에서 왜 그렇게 치열한 다툼이 존재하는지 이해가 된다. 게다가 일반 국민이 내는 기부금도 적지 않다. 한 완화 전문 인력 집단은 기부금을 걷을 목적으로 2010년에 '독일완화재단'을 설립했고, 그것은 또 독일호스피스-완화연합회의 창립으로 이어졌다. 이 연합회에 이어 2011년에는 '독일호스피스완화재단'까지 생겨났다.

이런 상황 전개는 우려스럽다. 왜냐하면 완화 의학과 호스피스의 시너지 효과는 고사하고 오히려 양쪽의 마찰로 각자의 활동까지 해치는 일이 종종 벌어지기 때문이다. 자세히 들여다보면 호스피스와 완화 의학의 공통점은 둘의 차이보다 비교가 안 될 정도로 많다. 결국 둘은 동전의 양면이다. 하나는 다른 것 없이는 존재할 수 없다. 그사이 두 영역의 활동을 아우르는 상위 개념으로 영어 개념인 '완화 케어Palliative Care'가 정착되었다. 이 개념에 해당하는 마땅한 독일어 번역어는 보이지 않는데, 가끔 관료적인 냄새가 나는 '완화 돌봄'이라는 표현이 사용되기도 한다. 영어 단어 '케어care'는 '보살핌'이라는 뜻을 강하게 풍긴다. 이는 단순히 완화 의학과 호스피스에만 해당되는 것이 아니라 건강 보건 제도 전체를 관통하는 중요한 특성이다.

윤리성 강조에 담긴 위험

언론 보도를 쫓아가다 보면 가끔 우리는 완화 병동과 호스피스에서는 정말 희생정신이 투철하고 순수하고 이타적인 사람들이 죽어가는 이들을 위해 기쁜 마음으로 헌신하고 있구나 하는 생각을 갖게 된다. 좋은 소식은 그런 사람들이 실제로 있다는 것이다. 특히 자원봉사자들 중에 말이다. 나쁜 소식은 호스피스와 완화 치료 영역에도 다른 모든 곳과 마찬가지로 시기와 질투, 미움, 집단 따돌림, 음모, 치열한 권력 다툼 같은 것들이 빈번하게 존재한다는 것이다. 사실 이런 현상은 이상한 게 아니다. 호스피스와 완화 치료 영역도 결국 다른 모든 직업 세계와 마찬가지로 사람이 일하는 곳이기 때문이다. 때로 호스피스와 완화 치료 영역을 '윤리적으로 높은 수준의 활동'으로 여기면서 거기에 성스러운 후광 같은 것을 부여하는 경향이 관찰된다. 그러나 이런 영역에서 일하는 일부 활동가는 결코 그런 사람들이 아닐뿐더러 그쪽 사람들을 그렇게 윤리적으로 높이 치켜세우는 것은 위험한 일이기도 하다. '윤리적 동상'으로 받들어져 올라가는 사람은 대개 언젠가는 크게 추락하는 일이 벌어지기 때문이다. 그에 대한 예는 충분하다.

앞으로 몇 년 안에 호스피스와 완화 치료 영역에 찾아올 큰 도전은 어쩌면 선구적 시기의 이상을 포기하지 않으면서 필수적인 전문화와 제도화 과정을 버텨내고, 그와 동시에 합리적 정신과 감정에 치우치지 않는 태도를 보완하는 것이 될지 모른다. 이는 호스피스와 완화 의학에 공통으로 해당하는 중요한 과제다. 이상적인 경우, 완화 의학은 장기적으로 긍정적인 역할을 하는 '트로이의 목마'로서 호스피스 운동의 목표를 전체 의학 속에 집어넣고, 그와 함께 현대 의학을 환자에게 좀 더 가깝게 다가가고, 소통과 반성이 살아 숨 쉬고, 종사자들 간의 협업이 원활하게 이루어지는 영역으로 만들 수 있을 것이다. 물론 쉬운 일은 아니다. 의학 시스템 자체의 강력한 반발이 예상되기 때문이다. 그럼에도 모두가 함께 해내야 할 일이다.

인정을 받기 위해 분투하는 완화 의학

완화 의학은 오랫동안 독일의 종합병원들, 특히 대학병원에서 기본적으로 죽어가는 사람의 손을 잡아주고 모르핀만 약간 처방하는 일이 전부인 비과학적이고 '물러터진' 분과로 취급받았다. 그런 만큼 이 분과의 선구자들은 1980년대와 1990년대에 어려운 길을 걸었다. 첫 돌파구는 1999년 독일 본 대학에 완화 의학 과목 교수직이 신설됨으로써 열렸다. 그런데 여기엔 옥에 티가 하나 있었다. 이 교수직이 제약업계가 돈을 대는 석좌교수였다는 것이다. 6년 뒤 아헨 대학에 설치된 두 번째 교수직도 제약업계의 재단에서 돈을 대는 교수직이었다. 그렇다면 제약업계는 왜 완화 의학을 지원할까? 대답은 어렵지 않다. 세기 전환기에 독일에서 완화 의학이 발전해나간 과정을 자세히 들여다보면 말이다.

마취학과냐, 종양학과냐?

이탈리아나 오스트리아 같은 다른 유럽 국가들도 마찬가지지만, 독일에서는 몇 년 전부터 완화 의학 분야에서 주도권을 잡기 위한 권력 투쟁이 한창이다. 이는 일반인들에게는 잘 알려져 있지 않지만 완화 의학의 미래뿐 아니라 중병 환자와 임종 단계의 사람들에게는 큰 위험을 안길 수 있는 다툼이다. 완화 의학의 통제권을 쥐려는 두 '싸움닭'은 거대한 두 분과, 즉 마취학과와 종양학과다. 마취학과는 완화 의학에서 통증 치료의 핵심 역할을 하는 자신의 입지를 근거로 내세우고, 종양학과는 완화 치료 시설에 암 환자가 많다는 점을 근거로 댄다.

유심히 살펴보면 두 분과가 내세우는 근거는 현실을 통한 검증을 버텨내지 못한다. 독일의 완화 병동과 호스피스에 입원한 환자의 90퍼센트 이상이 암 환자인 건 사실이지만(주로 역사적인 이유에서다), 암으로 죽어가는 사람은 독일 전체 인구의 4분의 1에 지나지 않는다. 반면에 심장, 폐, 간, 신장과 관련한 불치병으로 죽어가는 환자들의 완화 치료는 전 세계적으로 아직 상당히 열악한 상황이다. 미래에 죽어가는 그룹에서 가장 많은 수를 차지할 신경증 환자와 고령의 치매 환자 같은 중병 환자들을 돌보는 것도 비슷한 상황이다. 완화 의학과 호스피스 서비스를 이런 환자 그룹으로 확장하는 것은 앞으로 가장 중요한 과제이다. 만일 완화 병동이 종양학과 시설에만 설치된다면 그 과제의 실현은 당연히 요원할 수밖에 없다.

마취학과가 제시하는 근거 역시 완화 의학과 통증 치료의 잘못된 동일시에 바탕을 두고 있다. 실제로 여론과 언론에서는 '완화 의학' 개념을 꺼릴 때가 많고, 주로 '고통 경감 의학'이나 '죽어가는 사람을 위한 통증 치료'라는 표현으로 바꾸어 사용한다. 그러나 앞서 4장에서 살펴보았듯이 완화 의학은 단순한 통증 치료를 훨씬 뛰어넘는 영역이다.

〈표 10〉 완화 의학의 업무 분포도

완화 병동의 전문적인 업무는 대략 의료적 치료와 심리사회적·영적 동행이 동일한 비중을 차지한다. 순수 의학적인 증상 통제로만 국한하더라도 통증 치료는 그 안에서 약 3분의 1밖에 되지 않는다. 나머지 3분의 2는 내과적 증상과 신경병적인 증상 치료에 해당한다(〈표 10〉 참조). 따라서 전체 완화 서비스에서 통증 치료가 차지하는 비율은 약 6분의 1이다. 게다가 여기엔 심리사회적 차원의 핵심인 돌봄 역할은 포함되지 않았다. 그렇다면 완화 의학과 통증 의학을 동일시하는 모든 시도는 현실과 동떨어진 인식에 근거하고 있다.

2012년 초였다. 의사 면허 규정을 새롭게 정비하는 과정에서 이제 막 의과대학 교과 과정에 진입한 완화 의학의 명칭을 '완화 통증 의학'

으로 바꾸려는 시도가 있었다. 그러나 완화 의학과 통증 의학은 교집합이 그리 많지 않은 근본적으로 서로 다른 분과였다. 그럼에도 이 둘을 합치려는 시도는 여러 직군의 협력 작업과 순수 의료적인 차원을 넘어서는 완화 의학의 본질을 심하게 훼손할 위험이 있었다. 의과대학 생들도 이 점을 재빨리 깨닫고, 독립적인 분과로서 완화 의학의 유지를 공개적으로 요구했다. 많은 노력 끝에 완화 의학에 대한 이러한 공격은 2012년 5월 연방 상원에서 거부되었다.

독일에서 완화 의학 분과의 현재 상황

완화 의학의 정착 과정에서 드러나는 문제점을 이해하려면 대학병원에 원칙적으로 두 종류의 교수직이 있음을 알아야 한다. 즉, 한쪽에는 독자적인 병동이나 과를 이끄는 교수직이 있고, 다른 쪽에는 그럴 수 없는 교수직이 있다. 의학 역사에서 모든 새로운 분과는 처음엔 기존 분과 및 그와 연결된 권력 구조와 맞서 싸우면서 자신의 독자성을 키워나가야 했다. 예를 들어 100여 년 전 베를린 샤리테 대학병원에 소아과가 처음 생겼을 때 그 분과의 교수는 다른 정교수들과 같이 식사를 할 수 없었다. 또한 뮌헨 대학의 첫 완화 의학 담당 정교수도 자신의 의료 인력을 직접 뽑지 못하고 마취학과와 종양학과에서 지원을 받아야 했다.

완화 의학 분과의 현 상황은 다음 사실에서도 잘 드러난다. 독일의 대학병원에서는 주요 네 과목 아래에 하위 분과로서 완화 의학 과목이 설치되어 있고, 교과목도 대개 종양학과나 마취학과 밑에 개설되어 있다. 이 교수직의 주요 경제적 후원자인 독일암재단이 완화 의학 분과의 독자성을 명시적으로 요구했음에도 말이다. 독일에서 다른 어떤 기관보다 완화 의학에 많은 돈을 대는 독일암재단의 사무총장은 현 상황을 이렇게 확인해준다. "우리는 아직 신생 분과인 '완화 의학'을 대학의 기존 구조 속에 정상적으로 편입시키는 것이 얼마나 어려운지 깨달아야 했다. 안타깝게도 현재로서는 대학 환경상 완화 의학에 절실한 독자성과 독립성을 마련하는 것이 여전히 어려운 일임을 인정하지 않을 수 없다."[85]

누가 이익을 보는가?

유서 깊은 거대 분과들은 왜 그렇게 '작은' 완화 의학 분과를 서로 차지하려고 안달일까? 독일완화의학협회는 왜 창립 협회장 말고는 항상 마취학과 교수를 수장으로 뽑는 것일까? 겉으로 비합리적으로 보이는 이런 발전 상황을 이해하려면 이것이 누구한테 이익이 되는지를 물어보아야 한다. 눈에 띄는 것은 주로 마취학과 쪽에서 주장하는 완화 의학과 통증 치료의 동일시가 제약업계에 명백한 이득으로 작용한다는 사실이다. 다시 말해 제약업체에 돈을 벌어다주는 것은 영적 동행 같은 것이 아니라 진통제이다. 오해를 피하기 위해 덧붙이자면 기업이 자신의 영업에 도움이 되는 곳에 돈을 투자하는 것은 당연한 권리다. 다만, 환자의 이익과 자유로운 학문을 지켜내야 할 의사와 대학이 그에 대해 어떤 태도를 취해야 하는지는 다른 문제다.

미래에 대한 위험과 희망

독일에서 완화 의학 분과의 큰 위험은 낡은 의학 시스템으로의 '강제 재편'인데, 이로 인해 완화 의학의 가장 큰 성취, 즉 의학 외부의 다른 직업군이나 분야, 특히 정신과학과 사회과학에 대한 개방성이 무너질 수 있다. 그에 반해 완화 의학에 대한 대중과 정치의 커다란 호응은 여전히 변함이 없고, 게다가 최근에 중병 환자와 죽어가는 사람들을 돌보는 일에 대한 가정의들의 높은 관심 또한 상당히 고무적이다. 사실 완화 의학과 가장 교집합이 큰 분과는 마취학과나 종양학과가 아니라 바로 가정의학과다. 기본적으로 완화 의학은 **임종 단계를 다루는 고도로 전문화된 가정의학**이라고 봐도 무방하다. 그러나 건강 보건 제도 내에서 이렇듯 중요함에도 독일 대학에서 가정의학이 완화 의학만큼이나 어려움을 겪고 있는 것은 이해하기 어렵다.

　흥미로운 또 다른 사실은 완화 의학과 심신상관心身相關 의학의 연결이다. 이 둘은 몸과 마음의 관련성을 중시하는 종합적 관점의 의학 분과다. 두 분과의 연결은 지금까지 뮌헨 공과대학 의학부에서만 실현되었다. 그러다 최근 몇 년 사이 루트비히-막시밀리안스 뮌헨 대학에서 지극히 비우호적인 환경에서도 재단에서 지원하는 다직종 교수직 네트워크가 완화 케어 영역에 설치되었다. 이 네트워크는 완화 의학에 대한 세계보건기구의 규정, 즉 완화 의학은 임종 단계에서 육체적·심리사회적·영적 문제를 아우른다는 규정을 세계 최초로 대학 내에서 실현했다.[86] 현재 이 네트워크의 존폐가 크게 위협받고 있는 상황이지만, 어쨌든 그것이 설치되었다는 사실 하나만으로도 조심스럽지만 미래에 대한 희망을 가져본다.

죽음을 마주하는 삶

완화 의학의 선물

"나는 시간의 절박함으로부터 무언가를 배웁니다.
이제는 시간이 더 이상 많지 않습니다.
그런 만큼 지금 이 순간, 지금 가능한 것,
지금 일어나는 것의 가치가 점점 더 중요해집니다."

완화 의료인들은 이런 질문을 자주 받는다. 고통과 죽음을 일상적으로 접하는 직업을 어떻게 버티느냐고. 이 질문 속에는 그렇게 부담스러운 일을 하는 사람들에 대한 연민이 배어 있을 때가 드물지 않다. 하지만 그건 몰라서 하는 소리다. 완화 의학과 임종 동행의 일은 사실 우리에겐 큰 선물이나 다름없다. 심리 치료사 마르틴 페그 박사와 동료들의 조사에 따르면, 완화 병동에서 일하는 사람들과 산욕기 병동에서 일하는 사람들은 삶의 질적인 면에서 거의 차이가 없다. 산욕기 병동이 대개 의료 부문에서 가장 쾌적하고 만족스런 일터로 꼽히는데도 말이다.[87]

나는 이런 질문을 받으면 일단 사회생활에서 완화 의료인의 직업에 정말 뜻하지 않은 개인적인 이점이 있다고 말한다. 설명하면 이렇다. 예전에 사람들을 만날 기회가 있을 때 내 직업을 신경과 의사(그때는 그게 사실이었다)라고 소개하면 즉시 이런 부탁이 돌아왔다. "아, 그러세요? 잘 됐습니다. 선생님. 저 좀 도와주세요. 몇 년 전부터 편두통 때문에 아주 힘들어요. 게다가 제 아내도 좌골신경통이 있어서……." 이런 식의 대화는 피곤해지기 일쑤다. 그런데 내 직업을 '완화 의학자'라고 소개하면서부터는 그럴 일이 없어졌다. 대부분의 사람은 일단 완화의학이 정확히 무엇인지부터 묻고는 재빨리 화제를 바꾸어버렸다. 이로써 공연히 시간을 낭비할 일이 없어졌다.

위의 질문을 좀 더 진지하게 들여다보면 거기에도 나름의 근거가 있다. 건강을 촉진하는 요소들을 연구하는 새로운 심리학 분과인 '건강기원론Salutogenesis'에 따르면, 건강 촉진 요소들은 일부 사람들에게는 큰 부담으로, 다른 사람들에게는 큰 축복으로 작용할 수 있다고 한다. 그런 요소에는 죽음과 죽어감을 다루는 일도 포함된다. 직업적영역을 넘어서서 말이다. 그렇다면 우리가 부담을 줄이고 긍정적 효과를 극대화하려면 죽음과 죽어감을 어떻게 다루어야 할까?

일단 우리의 삶에는 두 가지 사실만 확실하다는 점을 분명히 인식하는 것이 중요하다. 첫째, 우리는 모두 죽는다는 것이고, 둘째, 언제 죽을지는 아무도 모른다는 것이다. 피할 수 없는 이 두 가지 사실을 우리가 어떻게 다루어야 할지에 대해선 아주 오래전, 그러니까 기원

후 49년경 로마의 철학자 세네카가 《삶의 짧음에 관하여De brevitate vitae》라는 적절한 제목의 책에서 논한 바 있다. 그중 한 대목을 보자.

"우리의 삶에서 아직 남은 시간을 지나간 시간만큼 정확히 알 수 있다면 몇 년밖에 남지 않은 사람은 얼마나 초조해할 것이며, 또 남은 시간을 얼마나 애지중지하며 보낼까? 그렇게 짧은 시간도 얼마든지 지혜롭게 잘 분배해서 쓸 수 있다. 그렇다면 우리는 언제 끝날지 모르는 우리의 시간을 좀 더 세심하게 보살펴야 한다."

삶의 유한함에 대한 이러한 인식은 완화 의학과 호스피스 영역에서 일하는 사람들에게는 정말 큰 선물이다. 우리 일의 결정적인 장점은 죽어가는 환자들에게서 인생을 배울 둘도 없는 기회가 있다는 것이다. 그것은 당연히 의사뿐 아니라 간호사, 자원봉사자, 사회복지사, 심리 치료사, 성직자 등 모든 참여자에게 해당된다. 뮌헨 대학병원에서 영적 동행을 이끈 페터 프뢰르 목사는 언젠가 "너는 죽고, 나는 산다? 삶의 경계에서 삶을 배우다"라는 제목의 강연을 하면서 아랍의 한 시를 인용했다. **"인간은 살아 있는 동안엔 잠든다. 죽어갈 동안에만 비로소 깨어난다."** 프뢰르 목사는 거기다 이렇게 덧붙였다. "죽어감으로써 깨어나는 사람들은 우리가 평소에 알던 것과는 다른 깨어남의 세계 속으로 우리를 데려갑니다." 그의 말을 좀 더 들어보자. "나는 시간의 절박함으로부터 무언가를 배웁니다. 이제는 시간이 더 이상 많지 않습니다. 그런 만큼 지금 이 순간, 지금 가능한 것, 지금 일어나는 것의 가치가 점점 더 중요해집니다."

5장에서 소개한 명상을 하는 루게릭병 환자 M씨는 이런 측면에서 내게는 아주 중요한 스승이다. 그는 로욜라의 성 이냐시오Ignatius de Loyola가《영신 수행Geistlichen Übungen》에서 말했던 것처럼, 우리가 정말 '갈망해야 할 것은 건강이 아니라 오히려 병'이라는 사실을 보여주었다. 우리는 병에 걸리기 전에는 우리 자신에게 뭐가 더 좋은지, 또 우리를 삶의 목표에 도달하게 해주는 것이 무엇인지 모르기 때문이다. 이는 환자를 보는 내 관점을 완전히 바꾸어준 중요한 경험이기도 했다. 설명하자면 이렇다. 우리는 건강한 의사이자 간호사로서 '늙고 병든 불쌍한 환자들'을 마치 저 위에서 내려다보듯이 동정하는 것을 경계해야 한다. 진실은 정반대일지 모른다. 진실로 동정을 받을 사람은 환자가 아니라 우리 자신일 수 있다는 것이다. 환자가 우리에게 받는 도움보다 우리가 그들에게 받는 도움이 더 절실할 수 있다.

완화 의학의 창시자인 시실리 손더스 부인은 언젠가 이런 말을 했다. "인간에게 최악은 자신이 지금껏 살았고 이제 죽어야 한다는 사실을 확인하는 것이 아니다. 최악은 자신이 지금껏 살지 않았고 이제 죽어야 한다는 사실을 확인하는 것이다." 이것과 비슷하지만 한층 더 염세적으로 들리는 철학자 아르투어 쇼펜하우어의 말을 들어보자. "대부분의 사람은 마지막에 삶을 돌아보면서 자신이 인생 전부를 그저 일시적으로만 살아왔음을 발견하고, 자신이 무시한 채 지나쳤던 것이 진정으로 원했던 인생이었음을 깨닫고 놀란다. 이렇듯 인간의 생애는 대체로 희망에 속은 채 죽음의 품에 안기는 그런 과정이다."[88]

우리는 죽어가는 사람들이 우리 삶의 훌륭한 스승이라는 확실성을 어디서 얻을 수 있을까? 혹시 그게 개인적인 경험에 지나지 않는 건 아닐까? 흥미롭게도 그사이 중병 환자와 죽어가는 사람들이 건강한 이들보다 인생에서 정말 중요한 것이 무엇인지 더 잘 알고 있다는 사실을 보여주는 훌륭한 학술적 증거가 나왔다. 환자와 건강한 사람들의 삶의 질을 대조적으로 연구한 조사였는데, 이 조사에서 환자들은 어떤 삶의 영역이 그들의 삶의 질에서 가장 중요하냐는 질문을 받았다. 이때 피조사자들은 미리 제시된 보기 없이 자유롭게 영역을 꼽았다. 우리는 이 방법을 생존 기간이 평균 2년 정도 남은 것으로 보이는 루게릭병 환자들에게 사용했다. 환자들이 삶의 질에서 매우 중요한 두 가지 영역으로 꼽은 것은 건강과 가족이었다. 그 자체로 보면 크게 놀랄일은 아니었다. 다만 의외였던 것은 피조사자의 100퍼센트가 삶의 질에서 가장 중요한 영역으로 가족을 꼽았다는 사실이다. 건강을 꼽은 사람은 53퍼센트에 지나지 않았다. 게다가 가족을 선택한 사람들이 삶의 질 면에서도 더 나은 것으로 나타났다.

우리는 이 연구에서 약간 복잡한 방법을 사용해서 답변의 신뢰성과 유효성을 측정할 수 있었다. 이 연구에서는 매우 많은 수의 환자와 건강한 사람들을 조사했는데, 답변의 신뢰성과 유효성 면에서 월등한 격차로 높은 수치를 차지한 것은 완화 치료 환자와 루게릭병 환자였다. 이로써 인생에서 자신에게 가장 우선하는 것이 무엇인지 정확히 아는 사람은 바로 중병 환자들임이 증명되었다. 그건 아마 죽음과 대면하고 사는 법을 배우면서 깨닫게 된 게 아닌가 싶다. 최근 몇 년 사이 다른 연구들도 비슷한 결과를 보여준다. 즉 환자들 스스로 규정하는 삶의 질이 신체 기능에 달려 있지 않다는 것이다.[89]

4장에서 소개한 마르틴 페그 박사의 연구 결과도 이러한 소견에 일치한다. 죽어가는 환자들의 가치관이 점점 뚜렷하게 이타적으로 변해간다는 것이다. 그에 대한 '보상'은 중병과 제한된 수명에도 불구하고 높은 삶의 질이었다. 여기서 우리가 알 수 있는 것은 죽음을 대면한 인간은 인생에서 무엇이 정말 중요한지 깨닫는다는 것이다. 그렇다면 이런 물음이 불쑥 솟구친다. 아직 죽음을 대면하지 못하고 있는 우리가 이 깨달음을 얻으려면 무엇을 해야 할까?

이와 관련해서 한 현자는 우리가 매일 시시각각 만나는 크고 작은 일들을 기적으로 느끼라고 권한다. 나는 여러분에게 소아 완화 의학에서 겪은 한 사례를 소개하고 싶다.

> 열네 살 소년 야사는 선천성 심장병으로 벌써 여러 차례 큰 수술을 받았다. 그 때문에 삶의 대부분을 병원에서 보내야 했는데, 이제 위험한 대수술이 눈앞에 있었다. 수술과 후유증을 이겨낼 확률은 3분의 1 정도였다(의사들은 대개 이런 진단에서 훨씬 낙관적으로 이야기하는 경향이 있다). 부모는 심장외과의들로부터 이 수술에 반드시 동의하라는 압박을 받고 있었다. 그렇지 않으면 부모의 친권이 박탈당할 수도 있다고 하면서 말이다. 아이의 부모는 의견이 갈린 상태에서 이러지도 저러지도 못하고 있었다. 우리가 조언을 위해 달려갔을 때 출구는 보이지 않았다. 다만 이 모든 과정에서 중요한 한 가지가 빠져 있었다. 지금껏 누구도 아이의 생각을 묻지 않은 것이다. 야사는 선천적 질병 때문에 발육이 부진했다. 체구는 열 살 정도 아이와 비슷했다. 그래서인지 어른들은 더더욱 아이를 보호하려고 했고, 수술 문제로 아이와 대화하는 것을 꺼렸다. 그러나 바로 이 질병 때문에, 그리고 죽음과의 일상적인 대면 때문에 야사는 다른 많은 중병을 앓는 아이들처럼 믿을 수 없을 만큼 성숙했다. 그 자체로 하나의 작은 기적이었다. 나는 야사에게 대화를 청하면서 현재의 상황을 설명해주었다. 의사들이 볼 때 수술 성공 가능성은 3분의 1밖에 되지 않고, 3분의 2는 수술 중에 사망할

수도 있다는 점을 알렸다. 그러고는 야샤의 생각을 물었다. 대화 중에 밝혀진 것이지만, 소년은 자신의 상황에 대해 주변 사람들이 생각하는 것보다 훨씬 많은 것을 알고 있었다. 사실 완화 의학과 관련해서 내가 만나본 아이들은, 환자로건 아니면 환자의 가족으로건 상관없이 모두 어른들이 짐작하는 것보다 훨씬 많은 것을 알고 있었다. 야사는 차분하지만 분명한 어조로 말했다. 자기도 처음엔 수술에 반대했다. 이미 충분히 고통스럽다는 것이다. 하지만 지난 며칠 사이 큰누나와 이 문제로 오래 대화를 나눈 결과(이건 아무도 모르고 있었다), 누나와 부모를 위해 수술을 받아야겠다는 마음이 들었다고 했다.

이 결정이 그 대화 때문인지, 또 그 결정에 자발적인 의지가 얼마나 담겨 있는지는 모르지만, 분명한 건 야사가 수술과 후유증을 모두 이겨냈고 수술 후 몇 년이 지난 지금도 퇴원해서 잘 지내고 있다는 것이다.

인생의 크고 작은 기적을 만나는 것은 완화 의학과 호스피스 영역에서 일하는 사람들만이 누리는 특권이 아니다. 다만 이 일을 하다 보면 그런 기적들이 다른 데서보다 눈에 더 잘 띌 뿐이다. 게다가 우리는 그 과정에서 우리 자신의 유한함을 좀 더 명료하게 인식하게 된다. 물론 그것은 늘 유쾌한 일만은 아니다. 하지만 삶의 크고 작은 혼란과 불쾌함, 자신의 인간적인 약점, 그리고 남들의 약점까지 좀 더 태연하게 견디는 데 엄청난 도움이 된다. 심지어 큰 행운이 따라준다면 죽어가는 사람들을 보면서 우리 삶의 우선순위가 바뀔 수 있고, 그와 함께 삶의 질과 주관적인 의미까지 높일 수 있다. 그에 대해 우리는 매일 감사할 따름이다.

글을 마무리하며

*
*
*

   현대 의학에서는 완화 의학 분과의 발전과 함께 여러 측면에서 관점의 변화가 시작되고 있다. 신체 기관이 중심이 된 기술 만능 의학에서 한 인간 전체에 초점을 맞춘 통일적 의학으로 변화하고 있는 것이다. 이때 후자는 심리사회적인 영역과 영적인 영역도 돌봄의 범주로 적극 포함한다. 완화 의학에 종사하는 사람들에게는 이런 변화의 의미가 너무나 분명하게 다가오지만, 막상 의료 현장에 들어가면 상당한 반발에 부딪힌다. 이 반발은 두 가지 측면에서 온다. 우선 심리사회적 동행이나 영적 동행을 의학의 임상적·과학적 영역으로 끌어들이는 것에 근본적인 의문을 제기하는 '전통' 의학 시스템이 그중 하나다. 두 번째는 완화 의학에 참여하는 여러 직업군, 즉 간호 인력과 사회복지사, 심리학자, 성직자들 내에서도 반발이 나온다. 다들 각자의 분야에서 통용되는 기존 원칙이나 규범에서 벗어나야 하는 상황이 불편한 것이다.

   그러나 이것은 완화 의학의 모든 종사자에게 또 다른 기회이기도 하다. 즉, 각 분과의 특수한 관점을 인정하는 가운데(물론 제한적인 인정이다) 모든 분과의 교류를 도모함으로써 전체적으로 풍성한 결실을 맺을 가능성이 생기는 것이다. 이때 우리가 항상 초점을 맞추어야 할 것은 질병 상황에서 우리에게 자신을 맡기는 사람들의 걱정과 바람, 경제적 상황이다. 이상적인 경우에 이러한 교류는 인식 지평의 융합으로 이어질 수 있고, 이 융합은 사회 환경이 각각 다른 사람들에게 맞는 동행의 형식을 완화 치료팀이 찾아낼 수 있도록 도와준다. 이때 심리사회적 차원과 영적 차원은 '큐어cure'(병의 치료)와 '케어care'(자상한 돌봄)를 구분 짓는 결정적인 요소다.

" 루게릭병을 앓는 55세의 R씨는 사전 연명 의료 의향서와 관련해서 우리와 장시간 대화를 나누었다. 병은 이미 상당히 진전된 상태였다. 이제는 말도 거의 하지 못했고, 호흡하는 것도 힘들어했다. 그런데도 그는 기관 절개 인공호흡을 거부했고, 다만 점점 다가오는 것이 느껴지는 임종 국면에서 모르핀의 투약만 원했다. 대화가 끝나갈 무렵 내가 다른 질문은 없냐고 물었다. 그러자 약간 뜻밖의 질문이 돌아왔다. "의사 선생님, 제가 언제 다시 건강해질까요?" 나는 한동안 입을 떼지 못하다가 마침내 말문을 열었다. "오늘날의 의학으로는 선생님의 병을 고칠 수 없고, 병의 진전도 막을 수 없습니다. 다만 선생님이 인간으로서 매우 중요한 능력, 그러니까 선생님의 인격과 감정, 이성, 기억, 사랑하고 사랑받을 능력, 이런 것들이 질병에 의해 지금도, 미래에도 훼손되지 않을 거라고 믿는다면 치료의 방향으로 중요한 한 걸음을 떼신 겁니다." R씨는 흐뭇하게 미소 지으며 말했다. "벌써 나은 느낌입니다. 선생님." 그는 며칠 뒤 집에서 수면 중에 평화롭게 숨을 거두었다.

영원한 삶에 대한 희망은 실현될 수 없는 꿈이다. 어쨌든 이 지상에서는. 그러나 자상한 보살핌을 받으며 인간으로서 품위 있는 죽음을 맞고 싶은 희망은 많은 사람들에게 점점 현실이 될 수 있다. 그러려면 이 일에 관련된 모든 사람의 협력이 필요하다. 전문 인력, 자원봉사자, 다양한 직업군, 가족, 환자 본인까지 말이다. 그리되면 라이너 마리아 릴케가 탁월하게 표현한 그 목표의 좋은 전제 조건들도 실제로 만들어질 수 있다.

오, 주여, 각자에게 그만의 죽음을 허락하소서.
각자의 사랑과 의미, 고난이 담긴 삶을
마무리하는 열매로서 죽음을 맞게 하소서.[90]

감사의 말

*
 *
  *

감사의 말은 참으로 근사하면서도 까다로운 일이다. 감사의 대상을 한 사람도 빠뜨리지 말아야 하고(대체로 빠뜨린다), 가슴에서 우러나는 말로 표현해야 하고(상당히 어려운 일이다), 감사의 내용도 각자에게 공정해야 한다(난감한 과제다).

그래도 감히 시도해보자면, 첫 번째 큰 감사는 아내 크리스티아네에게 돌아가야 한다. 아내는 우리의 딸 사라와 함께 오랫동안 내 곁에서 완화 의학의 정착 과정에서 겪은 성공과 실패를 같이 경험했다. 게다가 어려운 시기에도 항상 내색하지 않고 나를 도와주었고, 이 책을 퇴고하는 과정에서도 큰 자극과 도움을 주었다. 아내가 없었더라면 이 책은 결코 나오지 못했을 것이다.

마찬가지로 여러 해 동안 나와 함께 일했고, 완화 의학의 연구와 이론에서 내게 중요한 도움을 준 동료들에게 큰 감사를 보낸다. 수년간 함께한 창의적 작업, 지극히 비우호적인 환경에서도 꿋꿋이 지킨 우정과 신의, 특히 이 책의 구상과 개별 장들에 의미 있는 조언을 해준 요하나 아네저, 마르틴 페그, 에크하르트 프리크, 모니카 퓌러, 랄프 욕스, 게르트루트 크라우스, 트라우고트 로저, 마리아 바스너, 안드레아 빈클러에게 온 마음으로 감사를 전한다.

또한 내게 완화 케어의 정신과 토대를 일깨워준 모든 훌륭한 분께도 고마움을 표하고 싶다. 내가 잠깐 개인적으로 만난 적이 있는 시실리 손더스 부인에게는 특히 머리 숙여 존경과 애정을 전한다. 그 밖에 나의 스승이자 친구인 밸푸어 마운트 박사, 데릭 도일, 일로라 핀레이, 캐티 폴리, 빌 브라이트바르트, 로링 코넌트, 구스타바 에버딩, 페터 프뢰르, 마리나 코예르, 하인츠 피클마이어, 크리스티네 롱가커, 베피노 엔글라로, 수잔 블록, 앤디 빌링스에게도 머리 숙여 감사를 전한다.

이런 책은 각자의 관점으로 생기를 불어넣어준 무척 다양한 분과들과 교류가 없었다면 펴내지 못했을 것이다. 고무적인 생각의 교류와 생산적인 토론을 가능케 해준 친구 아르민 나세히, 뮌헨 윤리센터의 창립자 빌리 포셴쿨, 이사진인 프리드리히 빌헬름 그라프, 베네딕트 그로테, 콘라트 힐페르트, 울리히 슈로트에게 특별한 감사를 전한다. 그 밖에 여러 분야의 많은 친구와 동료들에게도 감사를 전해야 하는데, 여기서는 지면의 한계 때문에 대표적인 분들만 소개할 수밖에 없음을 안타깝게 생각한다. 주자네 브라이트-케슬러, 슈테판 바우베르거, 위르겐 비크하르트, 볼프강 아이젠맹거, 에곤 엔트레스, 한스 푀

르스틀, 안드레아스 헬러, 페터 헤닝젠, 페터 헤르슈바흐, 한스-요아힘 헤슬러, 웬디 존스턴, 클라우스 쿠처, 크리스토프 마이어, 시아란 오보일, 다비트 올리버, 볼프강 푸츠, 프리츠 스티펠, 임케 슈트로셰르, 올리버 톨마인, 마티아스 폴케난트, 우르반 비징……

완화 의학은 병원과 교과 과정, 연구 영역에서 관대한 후원자와 기부자들이 없었더라면 가능하지 못했을 것이다. 많은 후원자를 대표해서 다음 분들께 진심 어린 고마움을 전한다. 오랜 나의 친구 토마스 바르트, 베르톨트 바이츠, 브레닌크마이어 가문, 요하네스 프리드리히 주교, 알로이스 글뤼크, 하랄트 슈트뢰트겐, 프리드리히 카르디날 베터가 그분들이다.

이 책의 출간을 결정하고 지원을 아끼지 않은 C. H. 베크 출판사에도 진심으로 감사한다. 특히 애정 어린 집요함과 천사의 인내심으로 이 프로젝트를 완성하고, 마지막까지 세심하게 신경 써준 출판사 직원 슈테판 볼만에게는 특별한 감사를 돌릴 수밖에 없다. 그가 없었더라면 이 책은 결코 생각할 수도 없었을 것이다.

책의 꼴을 갖추는 과정에서 여러 의견을 제시하고 교정, 교열에 공을 들인 앙겔리카 폰 데어 라르, 타다시 마카베, 아냐 말라노브스키, 게오르크 놀레르트, 토마스 지테, 앙겔리카 베스트리히에게도 고마움을 전한다.

가장 큰 감사는 당연히 환자와 가족들의 몫이다. 그들은 오랜 시간에 걸쳐 내게 의사가 무엇인지를 가르쳐주었을 뿐 아니라, 내게 자신들의 죽음에 동행할 기회를 주면서 삶에서 정말 소중한 것에 눈을 뜨게 해주었다. 이 책을 그분들에게 바친다. 내가 그들에게서 배웠던 것이 이 책을 통해 다른 사람들에게도 도움이 되리라는 희망과 함께.

*
*
*

1 이 책에서는 어떤 직업을 통칭하는 사람들을 가리킬 때 가독성을 위해 남성형을 대표로 쓰겠지만, 당연히 거기엔 여성들도 포함되어 있음을 감안해주길 바란다.

2 가족이 결정을 내려야 하는 사례의 수는 2012년에 통과된 새로운 장기 이식법 덕분에 앞으로 획기적으로 줄어들 전망이다. 건강보험공단이 모든 시민의 장기 기증 의사를 사전에 확인할 수 있게 된 것이다.

3 Hanns-Bruno Kammertöns, Stephan Lebert, 〈나는 죽음을 미워한다Ich hasse den Tod〉(브루노 라이하르트 교수와의 인터뷰),《디 차이트Die Zeit》 24호, 2007년 6월 7일 자.

4 Payne L. M., 〈의사가 환자를 완치하는 일은 가끔 있고, 환자의 고통을 줄여주는 일은 자주 있지만, 환자를 편안히 해주는 일은 노력하면 항상 가능하다Guérir quelquefois, Soulager souvent, Consoler toujours〉, British Medical Journal 4권, 1967, 47~48쪽.

5 2007년 통계에 따르면 독일은 1,000명당 8.33명의 아이가 태어나는데, 조사 국가들 가운데 끝에서 두 번째였다(224개 국가 중 223위, 홍콩만 간신히 눌렀다). 그런데 아이를 많이 낳는다고 알려진 이탈리아도 1,000명당 8.72명으로 독일보다 불과 두 계단 높을 뿐이다. 그에 비하면 프랑스는 1,000명당 12.15명으로 출생률이 독일보다 두 배 가까이 높고, 그와 함께 미래도 훨씬 밝다고 할 수 있다. 출처: http://www.welt-in-zahlen.de/laendervergleich.phtml?indicator=30

6 2010년 영국 잡지《이코노미스트The Economist》의 보도에 따르면, 독일은 임종 동행 서비스의 질 면에서 세계 8위이다. 벨기에, 오스트리아, 네덜란드 다음이고, 미국과 캐나다보다는 앞선다. 상위 세 나라는 영연방에 속하는 영국과 오스트레일리아, 뉴질

랜드다. 출처 : www.qualityofdeath.org

7 www.bosch-stiftung.de 참조.

8 family doctor. 이와 마찬가지로 영국에서는 가정의학도 'family medicine'이라 부
   른다.

9 Vyhnalek B., Heilmeier B., Borasio G. D., 〈도시 인구 밀집 지역에서 특수 이동 완화 치료
   서비스팀의 1년간의 활동Ein Jahr Spezialisierte Ambulante Palliativversorgung
   (SAPV) im städtischen Ballungsraum〉, MMW-Fortschritte der Medizin, 2011년
   6월, Originalien Nr. II/2011(Jg. 153), 41~46쪽.

10 이동 완화 서비스팀의 집중 지원 대상은 고도로 복잡한 돌봄 서비스가 필요한 완화 치
   료 환자들에게 국한될 수밖에 없다. 나머지 환자들은 가정의와 전문의의 도움을 받아
   야 한다.

11 www.stmug.bayern.de/gesundheit/krankenhaus/palliativstationen/pall_
   fachp.htm

12 더 많은 정보를 원하면 www.dhpv.de 참조.

13 이것은 카토Cato가 로마 원로원에서 했던 그 유명한 발언 "게다가 나는 카르타고를
   파괴할 수 있다고 생각합니다Ceterum censeo Carthaginem esse delendam"의
   패러디다. 카토가 이 말을 질기게 반복함으로써 원로원도 마침내 포에니 전쟁에 동의
   할 수밖에 없었고, 그로써 카토의 목표는 달성되었다. 나 역시 그 역사적 사건을 상기
   시키며 내 주장의 절박함을 호소했다.

14 독일의과대학협의체의 2009년 6월 4일 자 언론 보도문.

15 독일의과대학생총연합회의 2009년 6월 15일 자 언론 보도문.

16 '독일 호스피스 및 완화 의학 길라잡이' 인터넷 사이트 참조. www.wegweiser-hospizund-
   und-palliativmedizin.de

17 World Health Organization, National Cancer Control Programmes : policies
   and managerial guidelines, WHO, Genf 2002, 83~91쪽.

18 익명, "제발 환자로서 누려야 할 최소한의 품위를 지켜주십시오", 《독일의사협회보
   Deutsches Ärzteblatt》 47권, 2008, A2545~A2546쪽.

19 Søren Kierkegaard, 〈작가로서 나의 효능에 대한 관점Synspunkter for min
   Forfatter Virksomhet〉, Die Schriften über sich selbst, Regensburg : Eugen

Diederichs, 1951, 38~39쪽.

20 Murphy D. J., Burrows D., Santilli S., Kemp A. W., Tenner S., Kreling B., Teno J., 〈심폐 소생술과 관련해서 생존 가능성이 환자의 선호도에 미치는 영향The influence of the probability of survival on patients' preferences regarding cardiopulmonary resuscitation〉, New England Journal of Medicine 330권 8호, 1994, 545~549쪽.

21 Naomi Feil, Vicki de Klerk-Rubin, 《인정 요법: 치매 노인들을 이해하는 길 Validation: Ein Weg zum Verständnis verwirrter alter Menschen》, München: Reinhardt, 2010.

22 Thomas Kammerer(엮음),《꿈의 나라 집중 치료실: 변화된 의식 상태와 의식 불명- 학제 간 탐구Traumland Intensivstation: Veränderte Bewusstseinszustände und Koma-interdisziplinäre Expeditionen》, Books on Demand, 2006.

23 Derek Doyle,《플랫폼 티켓: 한 호스피스 의사의 기억과 생각The Platform Ticket: Memories and Musings of a Hospice Doctor》, Edinburgh: Pentland Press, 1999.

24 Mascha Kaléko, "Memento", In: Gisela Zoch-Westphal(엮음),《동시대인들을 위 한 시Verse für Zeitgenossen》, Reinbek: Rowohlt, 1980.

25 Oliver Tolmein,《누구도 혼자 죽지 않는다Keiner stirbt für sich allein》, München: C. Bertelsmann, 2006.

26 www.krebsgesellschaft.de 참조.

27 J. William Worden, Grief Counselling and Grief Therapy(한국어판 제목:《유족의 사별애도 상담과 치료》), New York: Springer 2008.

28 Fegg M. J., Wasner M., Neudert C., Borasio G. D., 〈완화 치료 환자의 개인적 가 치와 삶의 질Personal values and individual quality of life in palliative care patients〉, Journal of Pain and Symptom Management 30권, 2005, 154~159쪽.

29 Neudert C., Wasner M., Borasio G. D., 〈루게릭병 환자의 삶의 질은 건강 상태나 신 체 기능과는 무관하다Individual quality of life is not correlated with health-related quality of life or physical function in patients with amyotrophic lateral sclerosis〉, Journal of Palliative Medicine 7권, 2004, 551~557쪽.

30 다음 논문에 수록된 자료를 토대로 작성했다. Fegg M. J., Kramer M., Bausewein C., Borasio G. D., 〈독일연방공화국에서 삶의 의미: 삶의 의미를 위한 스케줄 조사 결과Meaning in Life in the Federal Republic of Germany: results of a representative survey with the Schedule for Meaning in Life Evaluation(SMiLE)〉, *Health and Quality of Life Outcomes* 5권, 2007, 59쪽.

31 Frick E., Roser T.(엮음), 《영성과 의학: 병든 사람에 대한 공동 간호Spiritualität und Medizin: Gemeinsame Sorge um den kranken Menschen》, Münchner Reihe Palliative Care 4권, Stuttgart: Kohlhammer, 2009.

32 Chochinov H. M., Kristjanson L. J., Breitbart W., McClement S., Hack T. F., Hassard T., Harlos M., 〈존엄 치료가 말기 환자의 고통과 임종 경험에 끼치는 효과: 무작위 대조 시험Effect of dignity therapy on distress and end-of-life experience in terminally ill patients: a randomised controlled trial〉, *Lancet Oncology* 12권 8호, 2011, 753~762쪽.

33 Roser T., Hagen T., Forster C., Borasio G. D., 〈임종 단계에서 영적 동행 고찰: 호스피스와 완화 치료 영역의 경험적 조사Einblicke in die spirituelle Begleitung am Lebensende: Empirische Erhebung in Hospiz und Palliativbereich〉, *Zeitschrift für Palliativmedizin* 11권, 2010, 130~132쪽.

34 Wasner M., Longaker C., Fegg M. J., Borasio G. D., 〈영적 케어 전문가들을 위한 영적 케어 훈련의 효과Effects of spiritual care training for palliative care professionals〉, *Palliative Medicine* 19권, 2005, 99~104쪽.

35 이 부분에 관심이 있는 독자에게는 다음 책을 추천한다. Christine Longaker, 《죽음에 대한 대처와 희망의 발견Dem Tod begegnen und Hoffnung finden》, München: Piper, 2009.

36 Henry David Thoreau, *The Journal of Henry David Thoreau 1837~1861*, New York Review Books Classics, 2009, 60쪽.

37 그 사이 인터넷에도 도움이 될 만한 기초 수련법이 소개되었다. 예를 들면 다음과 같은 사이트다. www.whatmeditationreallyis.com.

38 이 장은 필자가 다음 책에 기고한 논문을 바탕으로 작성되었다. Mitsumoto H.(엮음), 《루게릭병: 환자와 가족을 위한 지침Amyotrophic Lateral Sclerosis: A guide for

patients and families》, New York: Demos Medical Publishers, 2009, 291~296쪽.

39 독일의사협회, 〈의료적 임종 동행에 대한 독일의사협회의 원칙Grundsatze der Bundesarztekammer zur arztlichen Sterbebegleitung〉, 《독일의사협회보》, 2004, Jg. 101, A1298쪽부터, 2011, Jg. 108, A346쪽부터.

40 예를 들어 암 환자에게 수분 공급을 줄일 때의 장점으로는 종양과 전이된 암세포 주변의 부종 경감, 그리고 그와 연결해서 인근 조직에 통증을 유발하는 압력의 감소를 들 수 있다.

41 Pasman H. R., Onwuteaka-Philipsen B. D., Kriegsman D. M. et al., 〈인위적인 영양 공급과 수분 공급이 중단된 요양원의 한 중증 치매 환자에게 나타난 증상Discomfort in nursing home patients with severe dementia in whom artificial nutrition and hydration is forgone〉, *Archives of Internal Medicine* 165권 15호, 2005, 1729~1735쪽.

42 Ganzini L., Goy E. R., Miller L. L. et al., 〈죽음을 앞당기려고 음식과 수분 섭취를 거부한 호스피스 환자들에 대한 간호사들의 경험Nurses' experiences with hospice patients who refuse food and fluids to hasten death〉, *New England Journal of Medicine* 349권 4호, 2003, 359~365쪽.

43 Sampson E. L., Candy B., Jones L., 〈고령의 중증 치매 환자에게 장기 호스로 영양 공급하기Enteral tube feeding for older people with advanced dementia〉, *Cochrane Database of Systematic Reviews* 2권, 2009년 4월 15일 자, CD007209.

44 Volicer L., "Dementias", In: Voltz R., Bernat J., Borasio G. D. et al.(엮음), 《신경학 내의 완화 케어Palliative Care in Neurology》, Oxford University Press, 2004, 59~67쪽.

45 바이에른 사회복지부(엮음), 《인위적 영양과 수분 공급에 관한 지침Leitfaden Künstliche Ernährung und Flüssigkeitsversorgung》, 인터넷상에서는 다음 사이트에 이 문건이 올라 있다. www.arbeitsministerium.bayern.de/pflege/pflegeausschuss/leitfaden.htm.

46 Jox R., Kühlmeyer K., Borasio G. D.(엮음), 《의식 불명 상태의 삶Leben im Koma》, Münchner Reihe Palliative Care 6권, Stuttgart: Kohlhammer, 2011.

47 Bundesärztekammer, 독일의사협회 회장 외르크-디트리히 호페의 발언, Berlin,

주   267

2010년 6월 25일. www.baek.de/page.asp?his=3.75.77.8646 참조.

48 2011년 2월 임종 동행과 관련해서 의사협회의 새로운 원칙이 제정되었다(《독일의사
    협회보》7권, Jg. 108, 346~348쪽). 2004년 버전과 달리 식물인간 환자의 경우 "인
    위적인 영양 공급을 포함해 생명 유지를 위한 치료술은 원칙적으로 환자의 의사 표명
    이나 추정 의지에 따라 제공되어야 한다"는 문장이 다음 문장으로 대체되었다. "그런
    환자들에 대한 치료 방식과 범위는 의료 수칙에 따라 의사들이 개인적으로 판단할 수
    있다. 단, 지속적인 의식 손상만을 기준으로 생명 유지 조치를 포기해서는 안 된다."
    이것은 뒤 문장의 유보 조건에도 불구하고 식물인간 환자의 생명을 연장하는 조치를
    취할 때 의사의 개인적인 판단의 여지를 인정하는 방향으로 나아가는 첫걸음으로 볼
    수 있다.

49 Borasio G. D., 〈의사의 관점에서 본 사전 연명 의료 의향서와 임종 단계에서의 결정
    Patientenverfügungen und Entscheidungen am Lebensende aus ärztlicher
    Sicht〉, Zur Debatte 4권, 2009, 45~47쪽; Marco Tarquinio, 〈죽은 게 아니라 죽인
    것이다Non morta, ma uccisa〉, L'Avvenire, 2009년 2월 10일 자.

50 독일에서는 그사이 거의 모든 중요 질병과 관련해서 전문 학회별로 '치료 지침'이 마
    련되었다. 이 지침은 정기적으로 업그레이드되고, 각 전문 분야의 과학적 인식 상태를
    제공한다. 이 지침에서 현저하게 이탈하는 경우에는 그때그때마다 구체적인 근거가
    필요하다. 더 많은 정보는 www.awmf.org/leitlinien.html 참조.

51 치매 환자의 임종 국면에서 인위적인 영양 공급의 문제점에 대해서는 6장에서 이미
    상세히 언급했다.

52 게다가 실제로 호흡 곤란이 나타나는 경우에도 대부분 산소 공급이 별로 도움이 되지
    않는다는 연구 결과는 많다. 다만 임종 국면에 들어서기 오래전부터 인공호흡기에 의
    지해온 만성 폐쇄성 폐질환(COPD) 같은 특정 폐질환은 예외다.

53 다음 글들을 참조하기 바란다. H. Haarhoff, 〈암 장사Das Geschäft mit dem Krebs〉,
    《디 타게스차이퉁Die Tageszeitung》, 2011년 1월 20일 자, 7면; M. Keller, 〈생명의
    가격Der Preis des Lebens〉,《디 차이트》, 2011년 1월 20일 자, 13~15쪽.

54 단클론항체를 투여할 경우 환자의 일인당 치료비는 10만 유로다. 이 환자와 비슷한 암
    으로 해마다 독일에서 죽어가는 2,000명이 모두 단클론항체 치료를 받는다고 가정하
    면(환자들이 적극적으로 요구하기도 한다) 보험공단은 매년 2억 유로를 지출해야 한

다. 그것도 **암으로 죽어가는 사람들의 1퍼센트도 안 되는** 환자를 위해서 말이다. 반면에 수천 명의 환자들이 이익을 보는 이동 완화 서비스를 위해 공단이 지불하는 비용은 2010년 한 해에 의약품과 치료제, 보조제를 포함해 5,600만 유로에 지나지 않았다.

55 Temel J. S., Greer J. A., Muzikansky A. et al., 〈이미 전이가 진행된 비소세포폐암 환자에 대한 조기 완화 치료Early palliative care for patients with metastatic non-small cell lung cancer〉, *New England Journal of Medicine* 363권, 2010, 733~742쪽.

56 Bruera E., MacEachern T., Ripamonti C., Hanson J., 〈암 환자의 호흡 곤란을 위한 피하 모르핀Subcutaneous morphine for dyspnea in cancer patients〉, *Annals of Internal Medicine* 119권 9호, 1993, 906~907쪽.

57 Jennings A. L., Davies A. N., Higgins J. P., Gibbs J. S., Broadley K. E., 〈호흡 곤란 관리에서 오피오이드 사용에 관한 체계적인 검토A systematic review of the use of opioids in the management of dyspnoea〉, *Thorax* 57권 11호, 2002, 939~944쪽.

58 Gernot Böhme, 《실용적인 관점의 인간학Anthropologie in pragmatischer Hinsicht》, Bielefeld und Basel: Edition Sirius, 2010.

59 2012년 독일호스피스연합회와 완화치료협회의 위탁으로 발렌 선거연구소가 실시한 설문 조사 결과이다.

60 Jox R. J., Krebs M., Bickhardt J., Heßdörfer K., Roller S., Borasio G. D., 〈실제적인 결정에서 사전 연명 의료 의향서의 구속성Verbindlichkeit der Patientenverfügung im Urteil ihrer Verfasser〉, *Ethik in der Medizin* 21권, 2009, 21~31쪽.

61 2005년부터 베를린 독일공증인협회의 대리인 목록에 건강 대리인이 수록되어 있다. 이로써 법원은 필요할 때 건강 대리인의 유무를 손쉽게 확인할 수 있다(www. vorsorgeregister.de). 사전 연명 의료 의향서, 건강 대리인 위임장, 후견인 지정 제도에 대해 좀 더 상세한 정보를 얻고 싶으면 독일연방 법무부에서 발간한 책자(www. bmj.de)와 바이에른 법무부에서 발간한 책자(《사고, 질병, 노후에 대한 사전 대비 Vorsorge für Unfall, Krankheit und Alter》)를 서점에서 구입하거나 다음 사이트에서 찾아볼 수 있다. www.verwaltung.bayern.de 참조.

62 이 부분은 바이에른 법무부에서 발간한 책자 《사고, 질병, 노후에 대한 사전 대비》에 실린 〈자신의 가치관〉에 바탕을 두고 있는데, 이 절의 필자인 위르겐 비크하르트

Jürgen Bickhardt 박사의 친절한 허락을 받고 게재한다. Verlag C. H. Beck, 2011.

63 정확한 명칭은 이렇다. 3. Gesetz zur Änderung des Betreuungsrechts, Bundesgesetzblatt, 2009, Teil I Nr. 48, 2286쪽.

64 Borasio G. D., Heßler H. J., Wiesing U., 〈사전 연명 의료 의향서 법: 종합병원에서의 실행Patientenverfügungsgesetz: Umsetzung in der klinischen Praxis〉, 《독일의사협회보》, 2009, Jg. 106, A1952~A1957쪽; Heßler H. J., 〈보호자가 없을 경우 사전 연명 의료 의향서의 직접적인 효과는?Direkte Wirkung von Patientenverfügungen, wenn es keinen Betreuer gibt?〉, In: Borasio G. D., Heßler H. J., Jox R., Meier C.(엮음), Patientenverfügung. Das neue Gesetz in der Praxis, Münchner Reihe Palliative Care 7권, Stuttgart: Kohlhammer, 2011.

65 독일 형법 제216조: "살해된 자의 명확하고 진지한 요구에 의해 살인을 실행한 자는 6개월 이상 5년 이하의 금고형에 처한다."

66 O'Brien T., Kelly M., Saunders C., 〈호스피스의 관점에서 본 운동 신경 세포병Motor neurone disease: a hospice perspective〉, British Medical Journal 304권 6825호, 1992, 471~473쪽.

67 Neudert C., Oliver D., Wasner M., Borasio G. D., 〈루게릭병 환자의 말기 과정The course of the terminal phase in patients with amyotrophic lateral sclerosis〉, Journal of Neurology 248권, 2001, 612~616쪽.

68 §1901b Absatz 1 BGB(환자의 의사를 확인하기 위한 대화)에는 이렇게 적시되어 있다. "담당 의사는 전체 상황과 환자의 예후에 대한 종합적인 고려하에 어떤 의료 조치가 필요한지 검토해야 한다. 의사와 보호자는 §1901a에 따라 내려져야 하는 결정의 토대로서, 환자의 의사를 충분히 고려한 상태에서 이 조치들에 관해 협의해야 한다."

69 "의사의 자율성이건 양심의 자유이건, 이 둘은 환자의 명시적 또는 추정적 동의에 의해 뒷받침되지 않거나 더 이상 뒷받침될 수 없는 의료 개입과 속행의 근거가 될 수 없다." In: 〈의료 현장에서 건강 대리인 위임장 및 사전 연명 의료 의향서를 다루는 문제와 관련해서 의사협회 중앙윤리위원회의 권고Empfehlungen der Bundesärztekammer und der Zentralen Ethikkommission bei der Bundesärztekammer zum Umgang mit Vorsorgevollmacht und Patientenverfügung in der ärztlichen

Praxis〉,《독일의사협회보》13권, Jg. 104, 2007, A891~A896쪽;《독일의사협회보》
(개정판) 18권, Jg. 107, 2010, A877~A882쪽.

70 Borasio G. D., Weltermann B., Voltz R., Reichmann H., Zierz S., 〈삶의 마지막 국
면에서 환자 간호에 대한 입장: 신경과 교수들을 상대로 한 설문 조사Einstellungen
zur Patientenbetreuung in der letzten Lebensphase: Eine Umfrage bei
neurologischen Chefärzten〉, Nervenarzt 75권, 2004, 1187~1193쪽.

71 Simon A., Lipp V., Tietze A., Nickel N., van Oorschot B., 〈임종 단계에서 의학
적 결정과 조치들에 대한 성년후견 법원 판사들의 입장: 전국적인 차원의 첫 설문 조
사Einstellungen deutscher Vormundschaftsrichterinnen und-richter zu
medizinischen Entscheidungen und Maßnahmen am Lebensende: erste
Ergebnisse einer bundesweiten Befragung〉, Medizinrecht 6권, 2004,
303~307쪽.

72 "하나의 행위가 두 가지 결과, 즉 하나는 의도한 것이고 다른 하나는 의도하지 않은 결
과를 만들어내는 경우는 얼마든지 있을 수 있다. 그런데 도덕적 행위의 특성은 의도
한 것에 있지, 의도하지 않은 것에 있지 않다." Thomas Aquinas,《신학대전Summa
Theologiae》2,2 q.64 a.7.

73 "환자의 명시적 의사나 추정 의사에 따라 투여되는 진통제는 그것이 갖고 있는, 의도
하지 않았지만 불가피하게 감수해야 하는 부작용으로 죽음을 촉진할 수 있다고 해서
죽어가는 사람에게 금지되어서는 안 된다." 1996년 11월 15일 독일연방 대법원 판결
(사건 번호: 3 StR 79/96).

74 Sykes N., Thorns A., 〈임종 단계에서 오피오이드와 진정제의 사용The use of
opioids and sedatives at the end of life〉, Lancet Oncology 4권, 2003, 312~318쪽.

75 최근 학계에서는 스스로 목숨을 끊는 행위를 좀 더 중립적으로 표현하는 '수어사이드
suicide'라는 용어를 많이 사용한다. 부정적인 어감이 담긴 '셀프-머더self-murder'
라는 단어는 이 행위가 처벌을 받고, 그렇게 생을 마감한 사람은 교회 묘지에 묻히지
못했던 시절의 산물이다.

76 예를 들면 법률가 요헨 타우피츠Jochen Taupitz(《슈피겔Spiegel》, 2009년 11월호,
58쪽)와 《어떻게 죽고 싶은가Wie wollen wir sterben》(München: DVA, 2010)
의 저자이자 의사인 미하엘 드 리더Michael de Ridder를 꼽을 수 있다.

77 이 절은 《쥐트도이치 차이퉁Süddeutschen Zeitung》, 2010년 8월 3일 자에 실린 '누구도 혼자 죽지 않는다'라는 제목의 기사를 바탕으로 하고 있다.

78 이와 관련해서 사고 전환을 위한 조짐들이 나타나고 있다. 뮌헨 검찰청은 2010년 7월 30일에 한 의사를 형사 고소했다. 의사의 가족이 자신의 결정에 따라 자살을 시도했는데, 그 과정에 동참한 의사가 생명 구조 조치를 취하지 않았다는 것이다. 그 근거는 이랬다. 의사의 치료 의무는 "당사자의 자율적인 판단에 따른 자살이라고 하더라도" 제한되지 않는다(사건 번호 125 Js 11736/09).

79 Fegg M. J., Wasner M., Neudert C., Borasio G. D., 〈완화 치료 환자의 개인적 가치와 삶의 질Personal values and individual quality of life in palliative care patients〉, Journal of Pain and Symptom Management 30권, 2005, 154~159쪽.

80 "죽음의 도전을 받아들이자." 프라이부르크, 슈트라스부르크, 바젤 주교의 공동 목회 서신, 2006년 6월.

81 Boudewijn Chabot und Christian Walther, 《임종 단계의 해결책: 음식과 수분의 자발적 거부를 통한 스스로 결정하는 죽음Ausweg am Lebensende: Selbstbestimmtes Sterben durch freiwilligen Verzicht auf Essen und Trinken》, München: Reinhardt, 2011.

82 Ganzini L., Goy E. R., Miller L. L., Harvath T. A., Jackson A., Delorit M. A., 〈죽음을 앞당기려고 음식과 수분 섭취를 거부한 호스피스 환자들에 대한 간호사들의 경험 Nurses' experiences with hospice patients who refuse food and fluids to hasten death〉, New England Journal of Medicine 349권, 2003, 359~365쪽.

83 영양과 수분의 자발적 포기를 위해서는 특수 교육을 받은 완화 의학적 동행이 필요하다. 이 부분은 샤를로테 프랑크Charlotte Frank가 《쥐트도이치 차이퉁》(2011년 5월 30일 자, 3면)에 쓴 〈유언〉에 무척 인상적으로 기술되어 있다. 이 기사는 완화 치료 의사 미하엘 드 리더가 베를린의 철학자 클라우스 코흐Claus Koch의 임종에 동행했던 과정을 묘사하고 있다.

84 '호스피스'의 인지도에 대한 조사: 독일호스피스-완화연합회의 의뢰로 발렌 선거연구소가 실시한 설문 조사(2012). '완화 의학'의 인지도에 대한 조사: 건강 관련 잡지 《아포테켄 움샤유Apotheken Umschau》의 의뢰로 여론 조사 기관인 GfK 뉘른베르크가 실시한 설문 조사(2012).

85 Gerd Nettekoven, 〈독일암재단의 후원 프로그램으로서 완화 의학 교수직 지원Stiftungslehrstühle für Palliativmedizin-ein Förderprogramm der Deutschen Krebshilfe〉, 《독일 호스피스 안차이거Bundes-Hospiz-Anzeiger》 33호, 2010, 7쪽.

86 Borasio G. D., 〈WHO의 규정 번역: 과학적 실습 현장에 대한 완화 의학의 적용 Translating the WHO Definition of Palliative Care into Scientific Practice〉, Palliative and Supportive Care 9권, 2011, 1~2쪽.

87 L'hoste S., Hauke G., Borasio G. D., Fegg M. J., 〈완화 케어 영역과 산욕기 병동에서 일하는 전문 인력의 주관적 웰빙과 삶의 의미, 개인적 가치Subjective well-being, meaning in life and personal values in health care professionals working in palliative care vs. maternity wards〉, European Journal of Palliative Care 14권, 2007, Supplement 1, S115쪽.

88 Arthur Schopenhauer, 《부록과 추가: 철학 소고 IIParerga und Paralipomena: Kleine philosophische Schriften II》, Berlin: Suhrkamp, 1986.

89 Neudert C., Wasner M., Borasio G. D., 〈루게릭병 환자의 삶의 질은 건강 상태나 신체 기능과는 무관하다Individual quality of life is not correlated with health-related quality of life or physical function in patients with amyotrophic lateral sclerosis〉, Journal of Palliative Medicine 7권, 2004, 551~557쪽.

90 Rainer Maria Rilke, 《시간 시집: 가난과 죽음의 책Das Stundenbuch: Das Buch von der Armut und vom Tode》, Frankfurt a. M.: Insel, 1972.

찾아보기

*
*
*